思いどおりにぜんぶ叶えてくれる
潜在意識の魔法

はじめに

あなたの人生はすべて思いどおりになる！

私は心のどこかで「すべてが叶う世界があるのではないか？」「もっと自由で思いどおりになる世界があるのではないか？」そう思ってきました。

そして、それをずっとずっと探してきました。

どこかで確信はあるのに、それが何なのかまったくわからず、もがいて、もがいて、苦しんできました。うまくいかない現実に対して自分の力でなんとかしようとしていたときに、すべてが八方ふさがりになりました。

まったく動けなくなったとき、藁にもすがる思いでなんとかしたいと思っていたときに出会ったのが、潜在意識の書き換えでした。

そこから私は潜在意識がどういうものかもわからないけれど、「とにかく変わりたい」

「自由になりたい」という思いで潜在意識の書き換えをたくさんして、自分の苦しさや悲しみと向き合いました。それとともに、「こうなりたい！」という自分の願望を出して潜在意識を書き換えていきました。

そうしたらどんどん楽になって、なんだか楽しくなってきました。あんなに暗かった私の顔は自分で見てもわかるほどみるみる明るくなり、心身に生きる気力がみなぎってきたのです。

そして、どうやっても叶わなかった夢が次々と、びっくりするくらい楽々と叶っていき、キツネにつままれたような気持ちになっていきました。

私が叶えてきた現実をお伝えしますね。

・夫と、私と子どもたちで3年以上も別居状態だったのに、今は家族みんなで暮らすことができています。毎日笑顔の絶えない現実が叶っています。
・ケンカばかりしていた夫がいつも感謝を伝えてくれて、愛の言葉を欠かしません。
・パート主婦から自分で起業をして経営者へ。楽に、無理なく、好きな働き方ができるようになっています。
・ローンがあってお金の苦労が絶えなかったのが、気づいたら月収も年収も数十倍になっています。
・コミュニティーを持って気の合う仲間と集いたいと思っていたら、あっという間に数千人規模のコミュニティーを持つことになりました。
・自分で本を書いたり講演会をやったりしてみたいな、と思っていたら、一度にオファーが来て、すぐに実現しました。
・自分にも人にも厳しいところがあったのですが、自分に優しく、人にも優しくできるようになって、「癒やされる」と言われるようになりました。etc.
……まだまだたくさんあります！


潜在意識の書き換えを始めてから、私の願望はすべて叶えられてきました。

こんな世界がやはりあったんだ！

すべてが叶い、自分自身が自由になる世界。この世界こそ私が求めていた世界です。ぜんぶ、ぜんぶ、潜在意識が叶えてくれるのです!!

私に特別な能力があったからでも、急に運が好転する星の下に生まれたわけでもなく、本当に「潜在意識を書き換えた」、ただそれだけのおかげです。

もう少し詳しくお話ししますね。


私は、小さいころは特に何も考えていない、平和を絵に描いたような子どもでした。

大きくなって就職した先は飲食店で、接客と調理を担当しました。仕事は楽しかったのですが、それ以降、職を転々とすることになりました。旅に目覚めてしまったからです。

バックパッカーとして世界を旅しながら、お金がなくなると日本に戻ってきては仕事をし、また旅に出る……という暮らしを5年ほど続けていました。空港で働いたり、旅館で仲居さんをしたり、派遣社員として事務の仕事をしたこともあります。


旅先のインドで出会ったのが今の夫です。インドで結婚をし、「ホテルを建てよう」と夢を描いたもののお金を稼ぐ術がなく、一緒に日本で働くことにしました。

思えばこれが私の人生初といっていい、大きなターニングポイントになりました。

それまでは、好きなときに好きなところに行き、自由に、気ままに生きていた私です。

ところが、「ホテルを建てたい」という夢が、逆に私をがんじがらめに縛りつけて、夫とお金のことや価値観の違いで、毎日ケンカばかりするようになってしまいました。

子どもが生まれ、私は近所のスーパーマーケットやパン屋さんで働くものの、ホテルを建てるどころか生活自体がどんどん苦しくなる一方で、とうとう借金まで抱える始末でした。

日本での結婚生活が7年目を迎えたころ、インドの義母が体調不良になり、夫は実家へ一度戻ることになりました。一時帰国のはずだったのが、彼自身も病気になってしまい、行ったきり帰ってきません。

乳飲み子2人を抱えたパート主婦として、頼る人もなく、友達もほとんどいなくて、1年がたち、2年がたち、3年目になろうとしても夫は相変わらずで、仕送りもなし。「離婚しようか」と思わなかったわけではありませんが、「子どもたちの、たった1人のお父さんを奪うわけにはいかない」と考えて、その状態にしがみついていました。

パートをかけもちしても生活はカツカツです。少しでも生活費の足しになればと、寝る時間を削ってインターネットで仕事をしたい、といろいろ手を出していました。

そんなときです。あるところで「潜在意識の書き換え」という言葉を目にしました。これだ！　と思いました。姉もライトワーカー（見える世界と見えない世界の架け橋をするために地球に生まれてきた存在）だったのも影響しているかもしれません。

最初に書いたように、「とにかく変わりたい」「自由になりたい」という思いで、セミナーに参加してやり方を学びました。そのうちに、これを仕事にできるかもしれないと思い始め、自分でもインターネットで集客するようになって、ありがたいことに次第にお客さまも増えていきました。

パートと子育ての間の時間を縫って、無我夢中で自分の潜在意識を書き換えながら、オンラインでお客さまの潜在意識も書き換え続けました。

そんなある日、ふと「インドに引っ越そうかな」という思いが芽生えてきたのです。夫は当時無職でしたし、私がインドで働けるのか、子ども2人を育てていけるのかはわかりません。でも不思議と「これで道を切り開ける」という確信がありました。

今ならわかるのですが、**夢中で潜在意識を書き換えているうちに、「こうすべき」「こうあるべき」とガチガチに固まっていた自分をやっと手放すことができたのです。**

そうやって私は、潜在意識を通して自分という肉体以上のもっと大きな何かとつながり、その力を自分自身のパワーとして使えるようになっていました。

これが私の人生2度目のターニングポイントです。

インドに渡ってからも潜在意識を書き換えながら、すべての問題をクリアしてきました。それによって叶った今の現実については、冒頭に書いた通りです。

その過程で、最初に教わった潜在意識の書き換え方から次第に離れ、独自の方法で潜在意識の力を使うようになりました。そのやり方、考え方をまとめたのが本書です。

潜在意識の力は魔法のようでもありますが、おとぎ話に出てくるような「魔法」とは違います。

なぜなら、魔法使いに頼らなくても、自分で邪魔なブロックを解除したり、好みのものに書き換えたりできるからです。

だから、正確には、自分で魔法を使えるようになる、と言ったほうがいいかもしれません。

私自身、今では「スピリチュアルａｋｉｋｏ」と名乗っていますが、潜在意識の書き換えに出会ったころはこれがスピリチュアルに関係しているとも思わず、そもそも目に見えることしか信じないタイプでしたし、ましてや自分にそんな能力があるとは思ってもいませんでした。

でも、潜在意識の書き換えをやっているうちに不思議な能力がみるみる出てきました。霊視、チャネリング、ヒーリング、引き寄せ、そして宇宙意識など、「なんて簡単なことなんだ！」とわかるようになり、今はエネルギーワーカーとしてたくさんの方々に真理をお伝えしています。

その真理とは、**私たちは望んでいい、**ということです。願っている願望をぜんぶ叶えられる世界は本当に存在しています。

潜在意識を使っていけば、あなたの現実は本当に暖かく、望みどおりに叶っていきます。

すごいですよね。こんな世界があるんです。

潜在意識の使い方がわかれば大丈夫。

あなたの人生はすべて思いどおりに叶っていきますよ！

スピリチュアルａｋｉｋｏ

目次

第1章

潜在意識はどんな夢でも叶えてくれる

第2章　潜在意識にある11の共通ブロック

第3章 潜在意識の書き換え方【実践編】

第4章 潜在意識フル活用で起こるお金のミラクル

第5章 宇宙の真理はリラックス

カバーデザイン　小口翔平＋加瀬梓（tobufune）
装画・本文イラスト　ツルモトマイ
本文デザイン・DTP　アジュール（米村緑）
校正　夢の本棚社
編集協力　深谷恵美

第1章

潜在意識はどんな夢でも叶えてくれる

潜在意識の無限パワーを解き放とう！

現実を思いどおりに叶えていくために、まず「潜在意識」と「顕在意識」の違いについて知っておいていただきたいと思います。

私たちの意識は2つの意識、「顕在意識」と「潜在意識」でできていると言われています。この2つの意識はまったく異なる性質を持っています。

それぞれの特性を知ってどちらも最大限に使いこなしていくことで、自分自身の無限の力を使うことができるようになります。

顕在意識とは、私たちが何かを考えたり、自覚したり、認識している意識のことです。

例えば、「今日は暖かいな」と感じて、「天気がいいから散歩に行こうか。あと、あの友達に会いに行こう」などと、自分の頭の中で認識している日常の意識が顕在意識です。

一方、潜在意識とは無意識の領域で、まったく無自覚です。認識されることなく、心の奥深くに潜んでいる意識です。けれど確実に機能しています。人の意識は、自分が気づいていないところでたくさん働いているのです。

顕在意識と潜在意識は、よく氷山にたとえられます。顕在意識は全体の３％程度で、残りの97％の潜在意識は隠れているからです。

つまり、私たちが日常で認識している「自分」というものは全体の３％にすぎず、この数％しか力を使っていないということでもあるのです。

潜在意識を使うようになると、残りの97％の力を使えることになります。私たちにはまだ97％も余力があるのです。

しかも、夢や願望を叶えるのに潜在意識の影響力は顕在意識よりもはるかに大きいので、何かを叶えたいのなら潜在意識の力を使わない手はないのです！

もちろん顕在意識の役割もとても重要です。

顕在意識は「現状維持」や「安定しよう」「今の自分を守ろう」とする働きを担ってい

て、生存するために自分を守ってくれています。

ただ、守りの意識は未知なる可能性を奪ってしまうことにもなりかねません。現状を維持することに必死なあまりに、新しいことをすることに抵抗したり、怖がったり、変化に対して対応できなくなったりしてしまうのです。

これが「悩み」や「ブロック」と言われているものです。

この3％の顕在意識による考え方の癖や悩みを、97％の潜在意識の力を借りて新しい意識に変換することによって、顕在意識は本来の素晴らしい働きに徹してくれます。

潜在意識はどんな夢も叶えてくれます。私たちは誰でも、すでに無限の力を持っているのです。

ただ、そのためには自分の顕在意識が自由であるか、窮屈さを感じていないかを見ていく必要があります。

潜在意識の力を使ううえで顕在意識が司令塔の役目を担うので、顕在意識で抑えてしまうと潜在意識へのアクセスが難しくなってしまいます。

この本では潜在意識の書き換え方を余すことなくお伝えしていきます。あなたの潜在意識の無限の力を解き放っていきましょう！

ハイヤーセルフは高次元のあなた自身

潜在意識はスピリチュアル的な言い方をすると「ハイヤーセルフ」のことを指します。

ハイヤーセルフとは高次元の自分自身のことで、創造主、神様、サムシンググレート、源（ソースエネルギー）などと呼ばれる領域の自分自身です。過去・現在・未来の自分自身のすべての生まれ変わりの魂を統括している存在であり、高い視点の自分自身なのです。

「いきなりそんなことを言われてもよくわからない……」という方にご説明しますね！

地球は宇宙からできています。私たちも宇宙からできています。ですから私たちは宇宙そのものと言えます。ただ、私たちは地球に生まれてくるときにすべてを忘れて生まれるという「遊び」をしているので、高次元の世界のことを忘れています。それでもハイヤーセルフと離れてしまったわけではなく、いつもつながっています。

私たちが潜在意識の力を使うということは、ハイヤーセルフの力を使うことであり、それ

は創造主や神様の領域にいる「本来の自分自身の力」を使うこと、知ることにつながります。

また、この世はすべて1つの源から派生されてできていますので、潜在意識の力を使うことは、1つの源＝ワンネスを感じたり、その源に戻っていったりすることにもつながるのです。

「まだよくわからない……」という方は、次のことだけ知っていてくだされば大丈夫です。

それは、**ハイヤーセルフは全肯定、すべてを肯定する存在で、とても大きくゆったりしている**ということ。そして、私たちのことをいつも、いつも応援してくれているのです。

ハイヤーセルフのことを知っていくと、これが本来の私たちの大きさであり、無条件の愛であること、寛大で壮大なエネルギーが自分に備わっていることに気づいていきます。

私は高次元の存在と交信するチャネリングをするようになって、このハイヤーセルフの使い方や感覚がわかるようになりました。

逆に、スピリチュアルの知識がある方は、ハイヤーセルフのことを、チャネリングする相手のように思っているかもしれませんね。じつは、それだけではないのです。

ハイヤーセルフは高次元の自分自身として、大きな役割を担ってくれています。

どんな役割かと言うと、私たちはいつもハイヤーセルフにオーダーや願望を出しています。そしてハイヤーセルフはそれを叶えるために常に働いてくれているのです。

〈私たちの役割〉

- 先のビジョンや未来へのオーダーを出す
- 高い周波数を保つ（リラックスを心がける）
- 高い周波数で直感インスピレーションをキャッチする（そのためにもリラックスが大事）
- 行動する

〈ハイヤーセルフの役割〉

- 高い視点からの進み方を、直感やインスピレーションで私たちに降ろす
- オーダーを現実化する手配をすべて行う

これを顕在意識と潜在意識で表すと、

オーダーを出す係（私という意識）

＝

顕在意識

道筋を決める係、オーダーを叶える係（ハイヤーセルフ）

＝

潜在意識

となります。

潜在意識の使い方をマスターしていくということは、ハイヤーセルフ、高次元の自分自身の力を存分に使って願望を叶えていくことなのです。安心して、ただハイヤーセルフに

人生の流れを任せていきましょう。

私たちの意識している次元には制限があります。でも、ハイヤーセルフはその制限を超えて、私たちが考えるよりずっと楽で素晴らしいところまで見通せています。その力をどんどん使っていきましょう。

そのためにも、イメージや想像力を使って自分（顕在意識）とハイヤーセルフ（潜在意識）の間でコミュニケーションをとり、調和することが大切です（具体的な方法は第3章に書いています）。

この2つの調和がとれているとき、それぞれがふさわしい働きをすることができます。

ハイヤーセルフと調和するとは、自分が「高波動を保つ」ことに他なりません。

波動とはエネルギーの波のことで、周波数のことです。この世にあるものはすべて特有の周波数があり、波動を放っています。宇宙も、人も、あらゆる動植物や、机やペンなどといったすべての物質も。そして私たちは、無意識で出している自分の周波数と共振したものを日常として体験しています。

そもそも、宇宙全体からみるとほとんどが高次元なのです。私たちはもともと波動（周波数）が高く、高次元の意識そのものです。ただ、地球でストレスにさらされたりしていると、その波動が下がってしまうので、意識的に高波動を保つことが大切なのです（これについては追い追い詳しく書いていきますね）。

ちょっと難しく感じたでしょうか？

すべて理解しなくても大丈夫です。でも、**「私たちの中にはすでにすべてが存在している」「誰もがすでに素晴らしい力を持っている」**ということは覚えておいてくださいね。

そして、その力を開花するカギが潜在意識である、ということも。

また、これはおまけのような話ですが、潜在意識の力を使うようになるとスピリチュアルな能力がすごく上がります。感覚が研ぎ澄まされてきますので、目に見えない世界のことが感覚として信じられるようになり、エネルギーや波動のことなどが手に取るようにわかるようになっていきます。

潜在意識＝ハイヤーセルフの高次元の波動エネルギーに触れ続けることで、直感、感情、インスピレーション、シンクロニシティ、デジャブ、啓示……など、もともと自分で持っていた感覚や能力が引き出されていき、より強化されていくのです。

その意味でも、人生がすごく面白くなってくると思いますよ。

ハイヤーセルフの使い方のコツ

じつは今、この瞬間も、ハイヤーセルフは私たちに声をかけて導いてくれています。

それは常に起きています。私たちは無意識でいつもハイヤーセルフにつながっているんです。

これは現時点のスピリチュアル能力には関係ありません。多くの人がふとした瞬間に直感を感じたりインスピレーションがわいたりした経験があると思います。それがハイヤーセルフからのメッセージです。

そう思って見てみると、ハイヤーセルフにつながっている感覚は日常生活の中にたくさんありませんか？　そして、それには共通の特徴があることに気づきませんか。

ハイヤーセルフの周波数はリラックスや安心しているとき、無になっているときの周波数です。

それは、私たちがぼーっとしているとき、何かに夢中になっているとき、眠くて寝ぼけた感じのときとか、お風呂でフワーッとしているときなど……。その瞬間、私たちはハイヤーセルフそのものです。

「え？　そんなのでいいの⁉」という声が聞こえてきそうですが、これがいいんです。必死に頑張ったり、特別な修行をしたり、難しいことをするよりも、ただ、安心してリラックスすることを心がけてください。


と、自分で書きながら、昔の私は頑張ることしか知らなかったので、ぼーっとしているほうがいいなんて言われてもなかなか納得できませんでした。私と同じような方もいらっしゃるかもしれませんが、本書を読んでいくうちにだんだんわかってくると思いますので、一緒に進んでいきましょう。

また、私がよくやってきたワークもご紹介します。どうぞ遊び感覚の気軽な気持ちでやってみてください。

ハイヤーセルフとのつながり方（誘導瞑想）

1　光をイメージする

ハイヤーセルフを光の存在とイメージしてみましょう。目をつむり、大きな光の存在をイメージします。どんな色でもかまいません。

その光は宇宙から地球を照らす太陽のように優しく、柔らかい光を放っています。その優しく大きな光の存在を頭の中でゆっくりとイメージしてください。「オーラを感じてそれを光らせていく」そんな感じです。

2　自分自身を横に並べる

光の存在がイメージできたら、座っている自分自身をその横に並べるようにイメージします。ハイヤーセルフは潜在意識であり、高次元の自分自身です。難しく考えずに、自分のすぐ近くにその存在を感じるようにしてみましょう。

深い呼吸を繰り返し、ハイヤーセルフを身近に感じてください。

※イメージが難しければ絵を描いてもよいです。ハイヤーセルフと並ぶご自身を絵に描いてイメージを高めましょう。絵を描き終えたら、目をつむってハイヤーセルフを近くに感じてください。

ハイヤーセルフとつながって、自分の中にあるより大きな部分と融合することによって自分自身が「大いなる自己」となれます。そして、その場所から行動が起こせるようになってきます。すべての人がこの能力を持っています。

ぜひ、安心してリラックスする時間を多くして、感覚を磨き、意図的にハイヤーセルフの声を日々感じ取るようにしていきましょう。

私たちの体はハイヤーセルフを受け取る受け皿のようなものです。この高次元の波動エネルギーをどれだけ受信できるかは人それぞれですが、器の感度と大きさが大切になってきます。そのためにも意識の拡大が大事です。

自分の感覚そのものがハイヤーセルフです。その感覚や直感を正直に受け止めましょう。そうすれば、「本当のあなた自身」が輝き始めます。

本来、人間は100%完璧で素晴らしい存在

「本当のあなた自身」と書きました。ということは「本当じゃない自分自身がいるという

こと？」と不思議に思うでしょうか。ここでちょっと考えてみましょう。


改めて、自分とは何だと思いますか？

鏡に映る今の自分の姿でしょうか？

宇宙から見るとごく小さな自分。それだけが自分だと思っていますか？

それは本来のあなたではありません。本当は、あなたにはものすごい力があります。それがハイヤーセルフであり、創造主、神様、サムシンググレート、源（ソースエネルギー）などと呼ばれる領域の自分自身です。


ですが、私たちはそのすべてを忘れてこの地球に生まれてきています。

なぜ、わざわざ忘れるのか。それは小さな「個」「人間」となった自分として、いろんな体験をしてみたかったからです。

もともと1つだったものが小さくなって分かれ、あなたになったり、私になったり、あの人になったり、この人になったり……。私たちは1つの意識から枝分かれしてそれぞれの「個」になり「人間」になっています。「個」「人間」として体験したいことがあって、それぞれの別の肉体として生まれてきています。

私たちはそれぞれの見た目、年齢、性別、生まれたところ、そして体験してきたこと、出会ってきた人、いいことも悪いこともすべての体験を思う存分したくて生まれてきています。

今の自分に不満がある方もいるかもしれませんが、宇宙からみると望みどおり、最高の体験をしているということになります。

ですから、すべては完璧なのです。あなたはそのままで１００％完璧で素晴らしい存在です。

あなたは全肯定の愛そのものであり、超パワフルでポジティブな、エネルギッシュな存在です。

あなたはとてつもないパワーを秘めていて、そのパワーの威力は計り知れません。無限大です。その力を使うのも使わないのも、すべて自分に委ねられています。

すごいと思っている人や憧れている人とあなた自身はまったく変わりがなく、同等です。まだ力を使っていないぶん、あなたにはその人達よりももっともっとパワーがあり、別の自分に生まれ変われるとも言えますね。

そう考えるとすっごくワクワクしてきませんか？　さわやかな、すがすがしい開放感のようなものを感じませんか？


私はずっと「自分にはもっと力があるんじゃないか？」と思ってきました。「こんなはずじゃないのに、なぜこんなにこぢんまりと小さくまとまっているんだろう……」と悔しくて、やるせなくて、「こんなんで絶対人生終わらせたくない！」と歯をくいしばって頑張ってきました。

そして今、あのままあきらめなくてよかった、と心から思います。だって、ちゃんと自由で無限の世界はあったのですから。

あなたも今、何があっても大丈夫です。私たちは今もこれからも、いくらでも思いどおりに人生を変えることができるのです。

何度でも言いますが、あなたはすごいのです。


では、本来の自分と今の自分自身は、なぜ差があるのでしょうか。うまくいく人といかない人は、なぜいるのでしょうか。

多くの人は、本来の自分からずれる生き方を選択してきました。その原因は生まれ育った環境や社会のルール、ショックな出来事などによる「思い込み」です。それが顕在意識にあるのです。

顕在意識はその思い込みを守ろうとするので、その観念（意識している考え）が自分自身を縛るような形になってしまいます。

本来のあなたはハイヤーセルフそのものであり、ありのまま、そのままで、もうすでに最高の存在なのですが、それに対して顕在意識の思い込みが「ああしなくちゃ」「こうしなくちゃ」と自分自身に課題をつきつけてきます。

いい子でいなくちゃ。いい成績を取らなくちゃ。立派な仕事に就かなくちゃ。好かれなくちゃ。結婚しなくちゃ……。それに対してできない自分自身を責めたり、落ち込んだり、怒ったり、悩んだり……いろんな感情を感じてしまいます。

すると本来の大きなあなた自身が小さくなり、そう思い込んでいる顕在意識が潜在意識を縛りつけてしまいます。

原理を知れば、簡単！

顕在意識の縛りをゆるめていけば、潜在意識がどんどんのびのびと活躍していきます。そうすると本来の自分が現れて、人生がびっくりするぐらいダイナミックに、とんでもないところまでいってしまいます。

すごいですよね！　これ、本当です。私も、私の周りの人たちも、みんなそうやって変化を遂げました。

次はあなたがそれを体験するときです。

そのために今は、本来の自分に戻るために「自分にはどんな観念があるのか」「どんな考え方の癖があるか」など、自分自身と向き合うときだと思ってみてください。

観念と向き合って本来の自分にどんどん戻っていったら、どうなると思いますか？

- とにかくすべてがスムーズに回るようなります
- 愛されるようになります
- 力が抜けてきます

・苦手だったことがいつの間にかできるようになります
・難しい問題だと思っていたことが、手のひらを返したように簡単に思えてきます
・何か問題が起きたら意識を変えればいいので、余裕を持って物事に向かえます
・「人生何が起きても大丈夫」と、でんと構えることができるようになります
・自分を信じられるようになります。そして、相手のことも本当の意味で信頼できるようになります
・いろんなことを我慢しなくなります
・叶えたかった夢を次々に叶えることができます
・夢を現実にできるので、好きな道を選べるようになります
・なりたい自分になっています。いや、それ以上になっていたりします

次はあなたの番ですよ！

潜在意識の書き換え方とは？

潜在意識の書き換えとは、「**潜在意識から新しい周波数を持ってきて、顕在意識にある心のブロックの周波数と交換して、新しい周波数に入れ替える**」ことです。つまり、潜在意識の力を使うためには、顕在意識がポイントになってきます。

具体的な潜在意識の書き換えとは、顕在意識の周波数を意図的に、短期間で変えるテクニックのことです。特有のネガティブな周波数を新しい周波数に入れ替えて、自分の顕在意識の周波数を上げていきます。これ、数分でできてしまいます。すごいですよね。

もう少しかみ砕いてお話ししますね。

私たちの意識は、顕在意識が潜在意識をコントロールしている、とお伝えしました。

その顕在意識にある考え方の癖や観念は独自の周波数を放っています。そして、この周波数が先に進めない原因になったり、流れを止めてしまったり、同じような周波数を引き寄せてしまう原因になります。

だから、まず、考え方の癖や観念、つまり心のブロックに気がつくこと。そして、潜在意識から新しい周波数を持ってきて、顕在意識の周波数と入れ替えるということをしていきます。

もともと持っている顕在意識のブロックを新しいポジティブなものに入れ替えると、今までひっかかっていた周波数にひっかかりがなくなり、スムーズに何事もなかったように進むようになるのです。これで潜在意識の書き換え完了です。

顕在意識にひっかかっている心のブロックとは、悩みや考え方の癖、願望に対する抵抗、お金や人間関係の不安など、一見、人によってさまざまですが、つまり「自分がネガティブになってしまう原因のようなもの」です。

何か思い当たるものはありませんか？　よくわからない方も、本書でいろいろな人の例を見ながら、自分自身の心のブロックを見つけていきましょう。

もちろん、無理やりネガティブなものを探す必要はありませんが、今がポジティブな状態なら、そこから潜在意識の書き換えをするとさらに高い周波数の自分に変わっていき、その勢いが増したり、ますます大きく拡大していきます。

潜在意識の書き換えは、さまざまなことにオールマイティーに使うことができます。

心のブロックに気がついて潜在意識を書き換えるとどんな変化が起こるのかというと、まず、それまで気になっていたことが気にならなくなります。

私の経験からも言えますが、衝撃的にバーンと変わるというよりも、気がつかないうちに、いつの間にか、さりげなく変わっているということが多いです。

例えば、こんな感じです。

・1人でレストランに入れなかった人が、いつの間にか1人で平気で食事できるようになっていたりします
・お金を使うことに抵抗があったのに、いつの間にか大きな買い物をすることを楽しめるようになっていたりします
・先が見えず真っ暗だった人生が、いつの間にか暗さがなくなって、今に集中し、意欲的になっていたりします

- 恋人が長年できなくて悩んでいた人が、お付き合いが始まり、いつの間にか結婚していたりします
- 自分で仕事をする（副業や起業）ことが怖くて仕方がなかった人が、いきいきと自分の仕事を楽しんでいます
- 家族関係で悩んでいた人が、家族とすごく仲良くなりました

変化を感じるようになるまでの期間は人によります。すぐに書き換わる人もいますが、だいたい1週間から1か月ぐらいでどんな方も必ず書き換わります。

本当に多くの変化を目の当たりにしてきました。なによりも私自身がすごく効果を感じています。

なぜ、それほどの効果があるのか——。潜在意識の書き換えの原理をもう少し説明させてください。

私たちの現実は、内側の意識が外側に投影されていると言われています。

私たち自身がそれぞれの映写機で外側に映画を映し出している、そんなふうにイメージしてください。その投影されたものを現実としてあとから実際に体験している、というわ

けです。

映画に詳しい方はわかると思いますが、同じ筋書きでも監督の考えによってアクション映画になったり、コメディ映画になったり、仕上がりはさまざまです。同じことが私たちの人生にも起きていて、内側にある映写機のソフト（意識、感情、周波数）がどんなものなのかによって、まったく別の映画が映し出されるのです。

また、宇宙の法則には「同じものが寄って来る」という大前提がありますので、内側で感じている意識（感情、周波数）と同じものが引き寄せられ、それも映画の一部となって現実として現れてきます。

内側の意識についてもう少し説明すると、頭の観念（顕在意識）がハートに指令を出して感情を感じ、その感情のバイブレーションが外側に時間差で投影され、現実になっていきます。そして、「嫌だな」とか「苦しい」とか「我慢しているもの」など、強いネガティブな感情ほど強く振動してしまい、外側に映し出してしまう傾向があります。

つまり、自分自身の周波数を整えれば穏やかな現実を体験できるし、周波数が乱れていると外側に映し出される世界はとても厳しく、嵐のようになります。

でも、これからは大丈夫です。

頭の観念、心のもやもやを書き換えて自分の内側をクリアにしていくと、顕在意識の周波数の抵抗が穏やかになっていきます。すると、嫌な強い感情が出ないようになってきます。外側の現実も優しく穏やかになっていくでしょう。

人の意識は野放しでコントロールできないものではなく、自分の思うように変えていくことができるのです。そのために、潜在意識を書き換える——。

繰り返しますが、この潜在意識の書き換えは本当に効果がテキメンなんです。私自身、心からほれ込んで、人生でこの書き換えワークに出会って何もかもがすっかり変わりました。心から感謝しています。

だからこそ、あなたにも知っていただきたいのです。

ａｋｉｋｏ式潜在意識の書き換えは、誰でもできる！

ａｋｉｋｏ式潜在意識の書き換えは本当に画期的で、あらゆるワークとはまったく違うアプローチだと思っています。

最大の特徴は、手っ取り早いという点です。手軽で、誰でもできて、場所を選びません。

通常、心理学やコーチングなどは時間をかけてゆっくりと自分自身を理解していき、いろんなことを学んでいくと思いますが、潜在意識の書き換えはそうしたプロセスは不要です。

また、ヒプノセラピー（催眠療法）や退行催眠などは精神を集中させたり深い意識の掘り下げを必要とするので、ネガティブな感情までぐわっと上がってきたりして、気持ちの浮き沈みが激しく、心身の負担になることもあると聞きます。しかし、ａｋｉｋｏ式潜在意識の書き換えは深い意識の掘り下げは行いません。

ヒーリングの場合は効果の感じ方が人によって個人差があり、ばらばらです。感じやすい方は気持ちよくなるでしょうが、効果がよくわからない、という方も多いようです。また、一時的に気持ちよくなれたとしても、その先の現実の変容には時間がかかるようです。潜在意識の書き換えも体感や効果は人それぞれですが、「明らかに変わった」という方が多いので、すごいな、といつも感心してしまいます。そして、効果があったと感じた人の変容スピードがめちゃめちゃ速いのも大きな特徴です。

いろいろやって、まどろっこしくて、何をやっているかわからなくなっている方や、時間のかかるワークを何度も何度もやっている方は、びっくりするかもしれません。

そして、潜在意識の書き換えと言ってもやり方にはいろんな種類があります。私がお伝えするものは、「**①速い　②簡単　③効果がある　④掘り下げない**」というお手軽さです。このやり方は忙しく現代を生きる私たちにとても合っていると思います。私はせっかちで、効果があるものしか信用しないので、この書き換えテクニックに出会ってよかったな、と心から思っています。

潜在意識の書き換えに出会ってから、私はスピリチュアルの勉強や研究をかなりしてきました。本や他の方のブログを読んで勉強し、姉からもスピリチュアルな知識やチャネリングを教えてもらいました。そのうちに、自分のハイヤーセルフとしっかりつながれるようになったので、そこから感覚でわかったこともたくさんあります。その観点で言うと、このテクニックは宇宙の法則に従った医療や科学であり、現代版にアレンジされた錬金術だと思います。

宇宙では今の地球より速くてパワフルで高い周波数を使ってこうした意識の書き換え、周波数を整えることを当たり前のようにやっているんです。

地球はまだまだこれからですが、私は過去世の生まれ変わりの中で、この潜在意識の錬金術の研究者だったような気がするので（笑）、またこうして皆さんに潜在意識のことや周波数を変えるテクニックを伝えているのだと思っています。

数分で１個、簡単に書き換えられる

潜在意識の書き換え方は第３章にまとめていますが、**基本のブロック解除に要する時間**

は、だいたい1分、長くても3分くらいです。この速さ、すごいと思いませんか？

数分で1個の心のブロックを書き換えられますから、30分もやれば10個のブロックを書き換えることができます。好きなだけ、どんどん書き換えることができます。

この手軽さ！

通常の潜在意識の掘り下げテクニックの場合、1個のブロックにどんなに速くても1時間ほどかけるものもありますから、この速さがどれだけ画期的で現代的であるか、おわかりいただけるかと思います。


ちょっとした隙間時間に、パッと心のブロックを解除し潜在意識を書き換えることができます。仕事中でも、違和感があったら、何でもすぐに書き換えることができるのです。

私自身にとっても日常の一部としてなくてはならないもので、お水を飲むように、ご飯を食べるように、本を読むように、書き換えを使っています。手軽に、気楽に、数分で気分よくなれるのですから最高です。


私は飽きっぽいので、ほとんどのことは長続きしないのですが、この書き換えだけはもう6年以上使っています。私の人生を振り返ると、あり得ないことです（笑）。

と、書いたところで気づいたのですが、飽きっぽいという悩みも書き換えたので、そのおかげかもしれません。そういえば潜在意識の書き換え以外にも、いろんなことが長続きするようになっています。我ながら、まるで別人のようだな、と感じています。


この書き換えは効果を感じるのも早いのですが、もちろん、最初は個人差もあります。

私自身は常日頃書き換えているので、書き換えを行うと、すぐに自分でも周波数が変わったのがわかります。

やればやるほど早く変わるようになります。まるで魔法のような感じなのです。


さらに、この潜在意識の書き換えの最高に素晴らしいところは、他人の潜在意識も簡単に書き換えられるようになるということです。

これは相手が書き換えられることを認識している必要がありますが、誰かが何かに困っていたら、同じやり方で周波数を変えてあげることができます（詳しくは１４３～１４５ページ）。

そして！　**なんと、相手の周波数を変えてあげると、ついでに自分の潜在意識もより良**

いものに書き換わっちゃうんです。

潜在意識はすべての人につながっているためにこういうことが起きるのですが、人の潜在意識のブロックを書き換えることによって、その人の喜びをさらに一緒に喜べるということです。

私は大きく変わりたかったので、セラピストとして延べ1000人以上の潜在意識の書き換えをお手伝いしてきました。そのセッションした数のぶんだけ、私自身も皆さんの力によって大きく変わることができたのです。

お互いに喜び合えるwin-winの潜在意識の書き換えは、お仕事としても本当に素晴らしいものだと感謝しています（現在はセッションは行っていません）。

ポイントは数！　集中してどんどんやる！

潜在意識の書き換えのポイントは「数」だと思っています。

集中してたくさん書き換えていくと効果を感じやすくなりますし、書き換えの仕方も馴染んできます。どんどんやってみることをお勧めします。
私の人生がこんなに変わったのは、私に特殊な能力があるからではなく、とにかく圧倒的に書き換えの数をこなしてきたからです。
なぜなら、どうしても変わりたかったから……。
世の中にはいろんな手法や、本やセミナーもありますし、私自身もさまざまなテクニックを知っていますが、私はもう、あれもこれもと試してみるのはやめました。

1つに集中して、とにかくどんどんやる！

やる！

ひたすら、やる！

変わりたいなら実践してみてくださいね。

数分で1個ブロックを解除して、潜在意識を書き換えられますから、1日1個のペースでも、1か月に30個も書き換えられます。
1日2個で60個。それを3か月続ければ180個！　半年で360個！　1年で……すごい数です。このぐらいやれば、ものすごい変化を感じることでしょう。

短期間で変わりたい方は、1日10個でもいいと思います。

とにかく、変わりたいなら未来を信じてやってみてください。信じる気持ち、ご自身の「変わりたい！」「こうなりたい！」という純粋な気持ちに潜在意識が応えて変化していきます。

素直な方、純粋な気持ちで取り組んでいる方は本当に変化が早いので、ぜひ信じて、集中して取り組んでみてくださいね。

半年後にはまったく違うご自身がいますし、まったく違う意識になっていることに驚かれると思います。

この潜在意識の書き換えのパワフルさは、現時点の自分ではまったく考えられないところまで行ってしまうということなのです。

でも、もうわかっていますよね。それが本来のあなたの力であり、ハイヤーセルフの力なのです。

自分にはスピリチュアル能力があると認める

ここまで書いてきたように、誰もが1つの根源から生まれていて、大いなるものであり、創造主でありハイヤーセルフです。

すごいと思っている他者と自分はまったく同等の存在です。ですから、あなたにできないことはありません。それをまず認めてほしいと思います。

あなたは何でもできます。

そして、スピリチュアル能力は誰でも、どんな人でも必ず持っています。差は一切ありません。あるとすれば、認めるか認めないか、知るか知らないかの違いです。

ですから、誰でも潜在意識を書き換えることはできますし、誰もが生まれながらのヒーラーでもあるのです。

もう一度言います。この潜在意識の書き換えは誰でもできて、できない人はいません。

簡単で、1日目から自分で自分の潜在意識を書き換えることができるようになります。

最初はコツがつかめないかもしれませんが、わかってしまえば単純で簡単です。拍子抜けするほど、です。たまに「簡単すぎて信じられない」という方がいますが、そのくらい簡単なんです。

私たちには、「難しいものがすごい。簡単に物事がうまくいくはずない」という観念が入っているので、そのあたりも書き換えながらやっていきましょう。

こうしたワークは、今までは専門の人にお願いしてヒーリングしてもらったり、潜在意識にアプローチしてもらったりしていたかもしれませんが、これからは自分で自分のことを癒やし、自分で自分の意識を整えていく時代なのです。

自分でできるようになれば、困ったときにすぐに解決することができて、乗り越えることができます。そうすれば人生を安心して進むことができるので、進むスピードが格段に上がるでしょう。

自分で自分のことをメンテナンスできるって本当に素晴らしいことです。

また、潜在意識にアクセスすればするほどハイヤーセルフの力をどんどん使えるようになり、感覚が鋭くなってきます。ご自身のハイヤーセルフからのメッセージを受け取りやすくなり、シンクロニシティ（意味のある偶然の一致）や嬉しい現実がどんどん増えてきます。スピリチュアル能力も気づかないうちにみるみる上がるので、それも楽しみにやっていただけたらと思います。

「これが潜在意識の力で、これがハイヤーセルフで、本来の自分の力か！」と実感できる日もそう遠くないですよ。

「NO」を言っているのは自分だけ

私たちは創造主であり、宇宙そのものでもあります。

もともと自由で、何にも左右されない大きな、大きな存在で、根源そのものです。

その存在がいろんなことを体験したくて自分になったり、あの人やこの人になったりしているだけですから、みんなつながっています。そして、その小さな個々人が地球で遊んでさまざまな体験をしています。

どうやって小さくなっていると思いますか？

それは、すべて思考です。思考で小さいと思い込んでいるのです。ですからこの思考のもとのマインド（心）の癖を外していくことにより、もともとの大きな自分自身とつながって、地球で生きることができるということです。

私も「そんなの嘘だ！」と思っていました。でも、そうやってNOと言っているマインドに縛られて、自分自身が真実の世界に踏み出す許可を出していなかっただけでした。

大事なのはマインドです。すべてを握っているのは自分自身のマインドであり、思考なのです。ブロックはここにあります。NOを言っているのは自分のマインドだけなのです！

潜在意識を書き換えることにより、このマインドが静かになってニュートラルになっていきます。

こんなカラクリを誰が教えてくれたでしょうか？

カラクリがわかっても、暴走している思考やマインドを自力でコントロールするのはとても難しいと言われます。

でも、潜在意識を書き換えていくと、それがなくなります。もう悩まなくなります。**過去の自分とまったく違う世界を生きるようになって、つらい時代が思い出せなくなっていきます。それくらい大きく変わるのです。**

さらに、ここからが面白いところで、マインドが自由になってくると、現実の世界も自由に優しくなってきます。

みるみる現実が回るようになり、シンクロもどんどん起きてきます。いろいろなことが叶うようになり、日々、心からの幸せを感じることができるようになります。

その日は間近です。ぜひ、こつこつとご自身の思考やマインドと向き合ってみてください。

潜在意識の書き換えロードマップ

スムーズに潜在意識を書き換えていった先にどんな自分が待っているのか、そこまでどんなふうに進んでいくのか、そのステップを紹介します。

①最初に思考のブロックをたくさん外す（やり方は108〜112、117〜119ページ）

最初のうちはものすごくたくさんのブロックが出てきます。気がついたときにそのつど外していきましょう。

ブロック解除に慣れるためにも、最初の1か月くらいはがっつりやってみてください。毎日、気がついたブロックを紙に書き出して、そのブロックを1個1個、解除していくのです。10個くらいはすぐに見つかります。だから1日に10個を目安にブロック解除していくとよいと思います。

くだらない、と思えることもどんどん解除していくと、深い思い込みやトラウマのような大きなブロックも外れてきます。「料理を作りたくない」「動きたくない」など、一見どうでもよく思えることも、どんどん拾っていくのがポイントです。

②インナーチャイルドや過去を見る（やり方は１３６〜１３８ページ）

インナーチャイルドとは、自分の内にいる子どものことで、傷ついた心を持っていることが多いです。ある程度ブロック解除が進んできたら、小さいころを思い出してみましょう。そのころにショックだと感じたことや、自分にとっての大きな出来事に遡ってブロック解除していくといいでしょう。

抑え込んでいた出来事も安心して見てみてください。ブロック解除をすれば、小さいころの心の傷はもうぶり返さなくなります。

③過去世を見る（やり方は１４０〜１４３ページ）

それでもまだ強くひっかかっていることがある方は、過去世が影響している可能性があります。そんなときには過去世を見てみましょう。

特にひっかかりがない方は見る必要はありません。

④自分の喜ぶことをたくさんして自分を満たす。自分にギフトをあげる

ブロックを外しながら、自分自身が喜ぶことをどんどんしていきましょう。欲しいものを自分に買ってあげる。ほめてあげる、楽しいことやテンションが上がることをどんどん行動に移していく、などです。

私もそうでしたが、意外に苦手な方がいるので、145～149ページに詳しく書きました。

⑤やりたいことをやりながら、どんどん願望を投げていく

だんだんと、あまりブロックが出てこなくなると思います。そのころには遮るものが取れて、自分自身が楽になり、嬉しいシンクロが起きるようになってきます。そしたら遠慮せず、次の願望やオーダーを出していきましょう！

オーダーの出し方として、潜在意識の書き換えを続けてもいいでしょう。それが叶ったらどんな気持ちなのか、その感情を感じることによってもオーダーは叶っていきます。先に感情を感じながら、どんどんオーダーを出して行動していきましょう。

SAD
PAST
STEP 1
STEP 2
STEP 3
STEP 4
STEP 5
STEP 6

⑥インスピレーションや直感、感覚を使っていく

潜在意識を書き換えていると自分の感覚を信じられるようになって、直感やインスピレーションに気づけるようになってきます。

直感やインスピレーションは高次元の自分自身から来ています。どんどん受け取って、それを行動に移していきましょう！

第2章

潜在意識にある
11の共通ブロック

自分のブロックを認めることから始めよう

潜在意識の書き換え方をご紹介する前に、皆さんが「よくわからない」「うまくいかない」とつまずくところを書いておきます。また、そういう部分自体が自分の大きなブロックになっていたりもします。

私もそうだったのですが、たいていの場合、

・潜在意識の書き換えを、ものすごく特別なことだと思っている
・学校や社会で教えられたルールを絶対だと思っている
・自分のブロックになかなか気づけない

このあたりでひっかかってしまうようです。

これからお話しすることは、いわゆる「常識」とは違いすぎて、すんなり受け入れられ

ない部分もあるかもしれません。

でも、私自身も「まあ、そうかもしれない」「そういう考えもあるのか」といったところから、徐々に「これが私のブロックになっているのかも」と認めて、そのブロックを外していったら、それ以外のブロックもスルスルと外れるようになった経験があります。

そして、気づいてみると、潜在意識の書き換えで願いを叶えて、大成功して、幸せに、楽しく生きている人たちがたくさんいました。

ですから「そんなわけない！」と思えたとしても、「これも1つのブロックなのかもしれないな」と、そんな感覚でゆっくり読み進めていただけたら嬉しいです。

ブロック1

「ドラマチックな奇跡が起きる」

まず、私自身、もともと自分には霊能力や特別なスピリチュアル能力がないと思っていました。潜在意識の書き換えなどは特別な人がやることだ、と思い込んでいました。小さいころから毎年、家族でその年の運勢を見てもらったり、お札をいただいたりしていたのですが、そういうスピリチュアル的なことができるのは自分とはかけ離れた人達だという意識でした。

まさか私が潜在意識のことを伝えるようになるなんて、数年前の自分では本当に考えられないことです。

潜在意識を書き換えるにあたって、書き換え自体に対してブロックがあったりします。「こんな簡単に書き換えできるはずない」「私にできるはずない」というものです。

以前の私のように、そんなことができるのは特別な人だと思っている方が大半なのでしょう。

潜在意識を書き換えることや、目に見えないスピリチュアルな能力は、特別な人だけのものという思い込み。ここが潜在意識の書き換えを妨げる一番の原因と言ってもいいくらいです。

誰でもスピリチュアルな能力は必ずありますし、目に見えないことをとらえる感覚は生まれながらにして誰もが持っているということは、繰り返し強調したいと思います！

しかも、私たちは何かを変えるにはとても労力がかかるとか、簡単にいくはずない、とも思い込んでいるんです。

これも大きなブロックです。研ぎ澄まされた真理はシンプルでかつパワフルなのに！

一昔前は、神聖なことは儀式や形式を何度も踏んで最後にたどり着ける！　という感じだったと思いますが、この潜在意識の手法はシンプルで速く効果があるので、現代の私たちには最適です。

特別な儀式などもなく、こんな簡単な方法で確実に書き換わります。

すべてはシンプル。簡単でいいんです。宇宙の法則はすべてが単純明快で矛盾なし。それでいて効果絶大！

そして、これこそが本来の私たちの力であるということです。

また、潜在意識の書き換わり方って本当に「地味」なんです（笑）。**あまりに地味すぎて拍子抜けするほどです。「あれ、いつの間にか」とか「そういえば変わってる」「忘れてた」という感じで書き換わっている、という力の抜けようです。**

だから、派手でドラマチックな奇跡を期待していると、せっかく書き換わっているのに「こんなんじゃないはず」と認められなかったりします。

潜在意識はこっそり変わっていきます。

あくまで自然体で。期待せずに忘れるぐらいがちょうどいい、ともお伝えしておきます。

今までの私たちのパターンを書き換えて、軽く、朗らかに、日常生活に自然に取り入れてみてください。

書き換え

「簡単にいつの間にか変わるもの」

ブロック2

「いつ叶う？　どんなふうに叶う？」

潜在意識のことを知らなかった私は、10年以上も願い事が叶わなくて苦しい現実を生きていました。

「インドにゲストハウスを建てたい！」「起業したい！」という夢があり、その夢を叶えるためにあらゆる願望実現の本を読み、ノウハウを試し、神頼みをして模索していました。日常生活でもできる限りの努力をして行動もしてきました。

それなのに結果的に叶わなかった……本当につらかった経験です。

なぜ、いろいろ試したのに叶わなかったのか？

その原因は、まさに「結果を期待しすぎていた」からです。いつも、いつも、「いつ叶うのか？」「どんなふうに叶っていくのか？」と期待して待ち構えていました。今か今かと毎日期待して、苦しすぎて、頭がおかしくなるかと思いました。

そして、そのような兆しが見えると強烈な執着で「今度こそ必ず！」とか「次こそ！」

「ラストチャンス！」などと毎回期待して撃沈……ということを10年以上続けていました。

振り返って思うと、夢を叶えられない期間が長くなっていたので焦っていて、とんでもない執着が生まれていたのです。あきらめきれない自分、力ずくで叶えようとする自分がいました。

夢が叶わないのも悲しいですが、執着しているということ自体も、ブロックであり、苦しみです。

そして、この執着があるからこそ潜在意識が働きづらくなり、うまくいかないのです。

潜在意識の書き換えは期待しすぎてしまうと、逆効果になりかねません。

私は潜在意識の書き換えに出会って、まず「結果を期待しすぎる」という部分を書き換えました。「叶ってても叶わなくてもどちらでもいい」「うまくいかなくてもいい」「結果は気にしなくていい」などと、どんなときもいったんニュートラルになるように潜在意識の書き換えをしたのです。

そして、そのあとに現実の生活や他のことに没頭していたら、いつの間にか夢のことを忘れていました。

そう！　この忘れるという状態。これが、執着から抜けることができた証拠です。

没頭した他のこととは、私の場合、自分を高める勉強をしたり、興味のある人に会いに行ってみたり、といったことです。小さなことでもやっていくとみるみる自信がついて、そのうちに自分の内面も現実の環境も変わってきます。

そして、いつの間にか起業していた自分がいました。そうなると、セッションや集客の作業が忙しくなって、さらに「いつ叶うのか？」と考えることが少なくなりました。どんどん行動しているので、環境が大きく変わって、どんな現実も面白くなってきたのです。

「叶えたいけど、そのときが来たら」というふうに気を抜くことができるようになってから、私の夢は叶いました。

「潜在意識を書き換えたのに現実が変わらない」という場合は、いったんそのことは忘れて、執着を手放して、自分で行動して、新しい世界に飛び出してみてください。

夢中になっていろんなことをやっているうちに新しい扉が開かれていきます。行動するごとに自信がついてきます。

もし、新しい行動を起こすのが不安なら、そのたびに「自由に行動していい」「不安があっても行動していい」などと、潜在意識を書き換えれば大丈夫です。そうやって行動していくと、お金も人間関係もよいサイクルで回るようになります。

そして、願ったことを忘れたときに、ふっと「あれ？　いつの間にか叶ってる！」ということが起きます。

本当に忘れたときに来るのです。この感覚、ぜひ、ご自身で体感してほしいと思います。

書き換え

「叶っても叶わなくてもどちらでもいい」
「結果は気にしなくていい」

ブロック3

「〇〇じゃなきゃいけない」

私の2歳上の兄は「こうあるべき」という頑固な考え方を持っていました。

一緒に話をしていると、それがどんな話題であろうと、私はたいていダメ出しをされていたように思います。「そうしなくちゃいけないんだよー！」と押し付けてくるのです。私は反発こそしませんでしたが「なぜそんなに押し付けてくるのかな？」と思っていました。

兄はまじめな人で、両親と共に自営業をしていました。仕事は月曜日～土曜日、朝9時～17時まで、などとルールを決めて、そのとおりにしないと両親にまで怒鳴っていました。そんな姿を見て私は心が痛みました。

いいところもたくさんある兄でしたが、とにかくルールを作って、それに沿わないと怒る。そんな感じでした。

その兄は、3年前に病気になって亡くなりました。

亡くなる直前には素直になり、家族に厳しく接していたことを謝っていました。その姿を見て、兄は自分の考え方の癖に支配されていて、その結果、体調を崩してしまったのかもしれない、と私は感じたものです。

私たちは自由な存在です。
「〇〇じゃなければいけない」なんてことは1つもないのです。

そう思い込んでいるのは、今までの人生の中で親に言われたこと、学校や職場で言われたこと、誰かに教わったことのためです。そのルールは誰かが作ったルールであり、意外と私たち本来の力が出ないようにするルールが多かったりします。

それこそが自分自身を小さくしていた観念であり、ブロックです。

「こうじゃなきゃいけない！」と思っていると、そうできていない自分自身にダメ出しをしまくります。「ルールに従っているときはいい！」「ルールに従ってないとダメ！」と、ずっとずっと自分を責め続けるのです。

同様に、他の人にもダメ出しをします。それが多ければ多いほどルールにがんじがらめになり、周りにもそれを強要し、どんどん生きづらくなってしまいます。

私の兄のように体調を崩したり、現実にひずみが出てきたりする場合もあるでしょう。

今はコロナ禍などもあり、以前は当たり前だったことが当たり前でなくなっています。不変だと思っていたことが変わっていたりして、私たちの柔軟な意識が求められています。「〇〇じゃなきゃいけない」と素直に信じて実践してきた私たちでは太刀打ちできないことも起こっています

こういうときは、じつはチャンスなんです。1人1人が自分の考えの枠を外し、自由になり、自分の潜在能力に気がつく最高のタイミングです。自分を振り返って向き合うのに、こんなにいい練習の機会はなかなかないと思います。

ご自身の「こうあるべき」「こうじゃなきゃいけない」と思い込んでいるブロックをどんどん外していきましょう。「〇〇じゃなきゃいけない」はすべて忘れてください。

そして、自分の喜ぶことをたくさんして自分を満たすのです。やりたいことをやりながら、自由に願望を投げていくのです。

ブロックを外して「こうしなくちゃ」と思っている自分をニュートラルにしていくと、

どんな自分も受け入れて、許せるようになってきます。

頑張っていない人はいません。人生を生きるということは大変なことで、私たちはみんな、本当によくやっています。

どんな自分自身もそのまま認めて許してあげてください。自分を認めて許せるようになると、どんな人のことも認めて許せるようになります。

自分をまず許して、楽になっていきましょう！

書き換え

「自分の喜ぶことをしていい」

「やりたいことをやっていい」

ブロック4

「わがままはいけない」

私は4人きょうだいの下から2番目で、一番上の兄と一番下の妹は、自分の意見をすごく主張する、俗に言うわがままなタイプです。そんな姿を見て、私は無意識にいい子になろう、親に迷惑かけないようにしようと、人の顔色をうかがって発言するようなところがありました。わがままな兄妹の言動で場の空気が変わるのを感じながら、子どもながらに、なんとかスムーズに収められないかと、自分の意見はあと回しにして様子を見ていたのです。

そのためか、「わがままな人がいると何事もスムーズにいかない」と思い込んでいるところがありました。そして、私自身の顕在意識に「周りに合わせる」とか「自分の意見を言わない」「周りに気を使う」というブロックがめちゃくちゃ入っていました。

人に合わせて自分を抑えてしまい、「いい人」になろうとするあまり、いろんな人と関わることが面倒になってしまっていました。明らかにひずみが出ていたのです。

「わがままはいけない」ということが最大のブロックになっている人はとても多くいます。

私のように体験からくるものだけではなく、世間的な風潮でも「わがままはいけない」「わがままな人は勝手だ」と思われているところ、ありますよね。

わがままはいいのです。

私は潜在意識を学び始めて自分が解放されていく中で、わがままであることはとても自然体で、自分の気持ちに正直な、良いことであるというふうに見方が変わってきました。

わがままは自分を生きることです。

自分の意見を言い、自分のペースで生きている人は逆に周りを安心させたりもします。なにより、本人が幸せそうです。

動物も植物も自分のペースでのびのび生きていますよね。動物、わがままですよね！

わがままはとても素晴らしいことなんです。

私自身も自分のわがままを認めて、許し、受け入れるようになりました。

隣人からディナーの誘いを受けても、気が進まないときは、私だけ行きません。１人でスマホを見ながら、のほほんと過ごしています。でも、それが幸せで楽しいのです。それに、気が進まないのに参加したら、それが相手にも伝わって不快な思いをさせるかもしれませんよね。

そして、自分でもびっくりしましたが、自分がわがままだと相手のわがままを許せるようになってきます。自分のわがままをすべて許容しているので、相手のわがままも愛し、優しい眼差しで見られるようになるのです。

自分がわがままになって、人のわがままを許した私の周りには、不思議といつも人がいます。ちなみに動物からも人気が出てきました（笑）。


勝手でいいんです。

みんなが自由に、それぞれの好きなことをすれば、この世は本当にいい方向に行きます。

わがままこそ人類を救うのかもしれません。

書き換え

「わがままでいい、勝手でいい」

「自由に、好きなことをしていい」

ブロック5
「エゴはいけない」

宗教や精神世界の中でよく出てくるエゴというもの。このエゴも、果たしていけないものでしょうか？

私は潜在意識のことがわかってきたときに、エゴに対しての観念もまったく真逆だったことに気がつきました。

わがままと同様、エゴもいけないことだと思っていましたが、むしろエゴはあっていいのです。なぜなら、**このエゴが私たちの本当の望みであり、意図なのですから。**

私たちは「意図を出すことはいけないこと」だと教えられてきました。でも、エゴを抑えることが、本来、スピリチュアル的にはエゴなのです。

エゴには２種類あります。

①社会一般的に悪いとされているエゴ

我が強い。わがままで自分勝手。自分のことしか考えていない（人のことを考えない）。思いやりがない、など。

特に一般的な宗教では、「我」や「欲」を持つことを禁止しています。でも、禁止しているから苦しくなり、ひずみが起きるのです。

我や欲は自分がやりたいことです。それが意図になり、自分自身が意図を出すことでエネルギーが動き出します。意図を出さない限り、自分の望む形にはなっていきません。

ですが、一般的な教えや古い宗教では、人の持つ最大の自由、意図を出すことを悪いもののようにして、意図を持たせないようにしていた気がします。

私たちは自由な存在であり、何を望んでも受け取ってもいいのです。すべてを決めているのは自分自身の思考であり、感情です。

②自分の考え方の癖、ブロックというエゴ

やりたいことをやろうとすると遮るもの。躊躇する気持ち、進もうとすると抑えるもの、など。

これもエゴであり、まさに本書で扱っているブロックです。

例えば、「わがままではいけない」と思う気持ちもエゴです。それを「わがままはダメだ。いけない」「やめたほうがいい」と止めて、自分の意思とは反する一般的なほうを選択してしまうから、やはりひずみができてしまいます。

頭の中のエゴの声は気づくだけで静まっていきます。そして、潜在意識を書き換えることで外れていきます。

この、ブロックもエゴだと気がつくこともそうですが、**この世の真実とは、自分が長い間、信じていたもの（考え方の癖）と反対のことがとても多い**のです。

この世の真実に目覚めれば、人生を思いどおりに動かすことができます。

書き換え

「何を望んでも、受け取ってもいい」

ブロック6

「何が好きなのかわからない」

「好きなことや、やりたいことをやろう！」と言っても、「何が好きなのかよくわからない」という方や、「好きなことをやっているつもりなのにうまくいかない」という方も多くいらっしゃいます。

私もうまくいかなかった当時の経験から、自分なりにこの辺がかなり整理できたので、紹介します。

まず、**「得意なこと、できること＝好きなこと、やりたいこと」ではありません。**ここを混同すると、うまくいかなくなります。

「得意なこと、できること」は過去のことです。そして、「好きなこと、やりたいこと」は今の旬な気持ちで、その時々で変わります。

得意なことやできることをやろうとすると、それはすでに過去の気持ちの周波数であるため、今の気持ちの周波数とまったく違うことが多いのです。本心ではやりたくないのです。

・得意なこと、できることは、過去の経験からの古くて、今の自分には合っていない周波数

・大好きなこと、やりたいことは、今の旬の周波数

ほとんどの人が、今までの経験から得意なことやできることを選択して、それを必死にやろうとして、つまずきます。それに比べて好きなことや、やりたいことは、気持ちのモチベーションがまったく違います。

今の旬なご自身は、いったい何が好きですか？

何をやるとワクワクしますか？　ときめき

ますか？

そこだけをシンプルに見ていけばいいのです。

そもそも「自分が今、何をやりたいのかわからない」とか「何を好きなのかわからない」という方もいらっしゃるでしょう。

そういう方は、今まで人に合わせて生きてきて、自分で選択するというチャンスがあまりなかったのだと思います。

さぁ、今すぐ、今やりたいことをやってみてください。小さなことでいいのです。

今、何を飲みたいですか？

コーヒーなら、砂糖を入れますか？　ミルクを入れますか？

それは、どのくらいの量ですか？

そんな具合に、自分で１つずつ選択することに慣れていきましょう。

それを自分のためにどんどんやってあげてください。**自分が喜ぶことをたくさん自分のためにやってあげるのです。そうすれば自分の感覚をすぐに取り戻せます。**

自分の感覚がわかってくると迷うことがなくなります。進むべき道が右か左か瞬時に選択することができるようになってきます。

そうやって自分の感覚に従って生きていれば、本当に今、やりたいことが次々生まれてワクワクしてきます。

一瞬、一瞬、私たちは生まれ変わっているのです。

大事なのは今の旬な気持ちです。旬のその感覚が原動力になります。

いつも旬な自分を選択できるように、ブロックを外して、身軽になっていきましょう。

書き換え

「小さなことでも、
今やりたいことを今すぐやる」

ブロック7

「どうせ自分なんて」

私の長年の研究で(笑)、嫌な気持ちになるワースト1位は人と比べることです。「自分なんて」と、うじうじするのは、たいてい他の人と比べたり、比べられたりしているときです。そんなふうにできていない自分、ダメな自分、情けない自分……と、どこまでも悲しい気持ちになり、ものすごく落ち込んでしまいます。

誰かを見て「素敵だな!」とか「あの人のようになってみたい」「あの人のようになるのが目標」などと、自分を高めるのはとてもいいことだと思います。

ただし、そこに「あの人のようになりたい。でも、私には無理」とか「自分とあの人は違う人間なんだ」といった意識があるのなら要注意です。

それは不足感から来る気持ちです。根強いブロックになっている可能性があります。

自分の外側に意識が向いていると、どうしても周りの人がすごそうに見えます。

それは幻想です。外側の世界というものには2倍に拡大して見えるフィルターが付いているのでしょう。

だから実際よりすごそうに見えるし、大きく見えるし、華やかに、楽しそうに、何も問題がなさそうに見えるのです。それと自分を比較して嫉妬や劣等感、無意味な競争の意識が生まれやすいのです。

その人と自分は何も変わりがないということに気がつくこと。〝あきらめる（明らめる）〟ことが大事です。仏教の世界では、あきらめるとは、事情や理由を明らかにするという意味で、「自分もすごい」とはっきり見定めることなのです。

外側の人との違いに一喜一憂するパターンから抜けていく、と決めましょう。私たちは外側にすごそうな人を勝手に映し出していただけです。

一喜一憂するその気持ち、ずいぶん体験できましたよね。もう十分だと思います。

私も、自分と同じような仕事をしている人と比較したりはしません。でも、比べられたり、人から何か言われると、どうしても気になってしまうものです。ですので、私はそういうことを言ってくる人とは距離を取ることにしています。

みんな違ってみんないいのです。

みんなそれぞれ最善の進み方をしていて、まったく違うことをしています。同じように見えても違うのです。ですから比べても意味がないのです。

「そうは言ってもなぁ」と思う方、その人になった気持ちを今ここで体験してみましょう。いろんなことが見えてきませんか？　「意外と大変そうだな」と感じたり、「なんだ、こんなもんか」と気づいたり。

同時に、今ここでその人になった気持ちを体験してみると、願望が宇宙にオーダーとして届きますので、自然に人生がそのように流れていきます。引き寄せができてしまうということです。ぜひやってみてくださいね。

書き換え

「みんな違ってみんないい」

ブロック8
「頑張らなくちゃ。自分がやらなくちゃ」

私は以前、人を頼ることが苦手で自分に厳しかったので、何事も「自分の頑張りが足りないんだ」と、自分を追い込むような観念がたくさんありました。

「私がやらなくちゃ」という思いがあって、どんなに苦しくても、大変な状況でも、人に相談することができずに1人で抱え込んでばかりいました。

すべては私の責任で、私のことはどうでもいい。子どものため、夫のために自分が犠牲になってみんなを幸せにしてあげなければ……そんな意識が強くありました。

時々は友達に話すこともありましたが、だいたい事後報告です。「自分で決断して自分で考えなくてはいけない」と思っていたので、大変な渦中にいるときに人に打ち明けることはめったにありませんでした。

「はじめに」で書いたように、夫と離れて暮らしたときに、いよいよ1人で子どもを育てていくのが無理になって、親を頼ったり、いろんな人を頼るようになりました。そのたびに「申し訳ない」「情けない」という、自分に対してのダメ出しがたくさん出てきて、さらに苦しくなった経験があります。

いつも強がる自分、「弱みを見せてはいけない」という強いブロックが入ったのは、中学・高校の部活動だったように思います。バレーボール部にいて、エースアタッカーでした。

運動部では極限まで自分を追い込むことで心身を鍛えたりします。「苦しくても頑張ってそれを乗り越える」という精神で、試合で負けそうになっても「弱気になるとそのまま負けちゃう」と自分に言い聞かせて平気なふりをしていました。

結果的に試合に負けると「エースの私がスパイクを決められなかったからだ」「私の調子が悪かったせいだ」と自分を責めていました。それを何度も繰り返すうちに、いつしか人に弱みを見せられなくなっていました。

家族にも、社会人になってからも、人に頼れず、何事も自分自身で解決していました。

昔の自分に「なぜ、気持ちを偽らなければならないの？」と、声をかけてあげたいです。

「だから、いろいろなことがうまくいかないんだよ」と。

皆さんはどうですか？「自分に厳しく、人に優しく」が正解だと思っていますか？

事実、そのような風潮は現代社会にまだ根強く残っていますね。だから私たちは無自覚に我慢したり、強がったりしてしまいます。

困っている人がいたら、自分を差し置いてその人のために尽くすとか……。でも、これをやっていると、自分の気持ちをふたで押さえ込んでしまい、本当の自分を素直に出せなくなってしまいます。誰にも心が開けずに心が疲れてしまいます。さらには、病気になってしまうなど、悪循環に陥りかねません。


人に弱みを見せていいのです。弱みを見せて素直な自分でいると、周りは心を許してくれて、かえって心を開いてくれます。

まずは自分自身が、自分のために、素直になる許可を出していくこと。弱い自分を認めていくこと。そんな自分を許すこと。

自分、そして次に周りです。

と、私も人には言えますが、こんなに何度も潜在意識を書き換えているのに、いまだに自分への厳しさがつい出てきます。私にとって、これは相当、根強いブロックのようです。

その1つとして、今でも人前で泣くことができません。人前で自分が泣くとみんなが心配するんじゃないかと思って、こらえてしまいます。でも、1人になったときにこっそり泣いています。

こんな私なので、皆さんがここの書き換えが難しいというのもよくわかります。

そこで、これについてもかなり研究をしているので（笑）、私の解決策を紹介します。

自分に厳しい方、人に心を許せない方は、あえて頭の中を「激甘《げきあま》」にしてください。自分に対してめちゃめちゃ甘く、優しく、ほめてあげるのです。これを頭の中でやるのです。

でも、「優しく、甘く」と言っても、自分に厳しい方は私と同様、頑固ですよね⁉ なかなか自分への厳しさをやめないんじゃないでしょうか。そもそも、これをブロックと思わないので（自分に厳しいことに麻痺していたり、むしろいいことだと思っていたり）、なかなかブロックを外そうとしないのです。

誰でも最初のうちは「自分への優しさ、甘さ」に、かなり抵抗があるものですが、だんだん慣れてきます。

いつも全肯定してくれて見守ってくれる親のような存在が頭の中にいるように感じてき

ます。そうすると、安心感を感じて、本物の自信がついてきます。すると、人に心が開けるようになります。

書き換え

「人に弱みを見せていい」

「自分に甘く、優しく、ほめてあげていい」

ブロック9

「仕事やお金が一番大事」

私たちが生きてきた昭和や平成の時代は仕事やお金が一番で、お金のために仕事をし、そうやって仕事をすることに大半の時間を費やしてきた時代でした。

そのときはそれでよかったと思いますが、もうすっかりそういった考え方が崩壊してきているのを感じているのではないでしょうか？

私もずっと「起業したい」「お金を稼ぎたい」とキャリアを第一優先に生きてきました。「私と家族が幸せになるには仕事とお金が必要！」と思ってがむしゃらに頑張ってきました。それがかえって成功を妨げるブロックになっていたのだと今は感じています。

おかげさまで最近になって仕事やお金は安定してきました。でも、それはがむしゃらに頑張った結果ではありませんでした。

結局のところ、自分自身の心の状態が現実に反映されてきただけです。

その状態とは、心の平安と豊かさです。それが仕事の成功と、金銭的な豊かさという形に結実しています。

もっと言えば、私と家族の幸せのために仕事とお金が一番必要ではなかったことも、だんだんわかってきました。

まずは、心を整える。それは、リラックスして、安心して、ワクワクすること。

そして、仕事やお金の先にある、ずっとずっと探し求めている大事なものは、今ここに、すでに存在していて、いつでも感じられることを知ってください。

お金については私にとっても大きな問題でしたし、たくさんの相談が寄せられますので、第４章に仕事も含めてまとめて書かせていただきました。

書き換え

「一番大事なものは、今ここに、すでに存在している」

ブロック10

「いつもワクワク・リラックスは無理」

悩んでいるときや現実がうまくいっていないときは、ワクワクとかリラックスとか言われても「実際、無理でしょ」と思っていました。

私は目に見える世界しか信じていなかったし、「時間がもったいない！　とにかく行動あるのみ！」と思っていました。リラックスやワクワクからかけ離れた、どこか軍隊のような感じで「頑張れ！　頑張れ！」と自分にムチ打って無理していたのです。

なぜそんなに頑張ったのかというと、きっとかすかな魂の記憶を頼りに、すべてがうまくいく世界というものを探していたのだと思います。すべてが叶っていて、自由で、幸福な世界にずっとずっと戻りたかったのだと思います。

潜在意識のことを知り、スピリチュアルや目に見えない世界について理解を深める中で、その自由な境地にたどり着くことができました。

一般的には、頑張ることや極限まで自分を追い込むようなことが良しとされてきた世の中ですが、じつは、この頑張り方は顕在意識の頑張り方なんです。

それももちろんいいのですが、顕在意識はわずか3％ですから、顕在意識と潜在意識の境目をなくして、潜在意識の97％を使うほうがもっといいのです。

そして潜在意識は、特に体や心をゆるませることによってパフォーマンスが上がります。**つまり、ワクワク楽しいことをすること、力を抜いてリラックスしていることによって、最高のパフォーマンスが発揮できて、この世を乗りこなしていけるのです。**

すべてをうまくいかせるための周波数は、リラックスや安心です。私自身、かなり遠回りをしましたが、頑張ろうと思うときこそ、やっぱりリラックスやワクワクが必要だったんです。

リラックスして安心しながら物事に取り組んでいると、インスピレーションや直感を宇宙から受け取りやすくなります。だから、ますますワクワクして楽しいことが起きてきます。

周波数が乱れて落ち込んだときも、リラックスや安心の状態に戻れば、とても楽になります。安心、リラックスは、ハイヤーセルフの本来の姿なので、本来の自分に戻ったということでもあるのです。

成功者と言われている方や素敵な方はみんな力が抜けています。すべてを超越した聖者や仙人のような人もニュートラルでリラックスしています。

そのような皆さんも力が入っていた時期、悩んで試行錯誤した時期ももちろんあったと思います。でも、そこを通り越した先はリラックス、安心、ニュートラルな境地なのです。

潜在意識を書き換えていくと、どんどん力が抜けてきます。すると、冷静に物事を見ることができるようになりますし、だからこそ、何があってもリラックスしていられるようになります。

そうしていると、良いインスピレーションや直感が降りてきますので、それに対して好奇心を持っていろいろ挑戦してみましょう。そうやって何でもできることがわかってくると、本当にワクワクして楽しくなってきます。

リラックスとワクワクの繰り返し。これが本来の私たちの姿なんじゃないかと思っています。

そもそも私はワクワクの意味をはき違えていた気がします。

旅好きな私ですが、旅はハプニングが付きもので、それが思い出になります。人生もそんな感じでハプニングがあるとニヤニヤして、心の中でワクワクして喜んでいる自分がいました。

自分1人ならいいのですが、家族を持ち、子どもができた今では、ハプニングを楽しむ私のせいで周りにまで大変な思いをさせてしまうことがあります。

家族で遠出をしたときのことです。早朝から大雨の中を移動して、やっとホテルに着いてゆっくりできると思ったら、なんと「予約が入っていない」と言うではないですか（支払いもすませてあったのに！）。

そのままずっと待たされた挙句、別のホテルを紹介されて、再び大雨の中をずぶ濡れになって次のホテルへ……。

そのとき、私は内心でニヤニヤと喜んでいる自分に気がつきました。

次のホテルでも手続きにものすごく時間がかかり、子どもたちも夫もずぶ濡れ状態でヘロヘロになって言葉もなくなっていました。

その姿を見たときに、「私がこのドラマを楽しんでいるから家族を巻き込んでいるんだ」

と、衝撃を受けました。まさに、雷が落ちるほどのショックでした。
以来、「もう浮き沈みドラマを楽しむのをやめよう」と心に決めました。

私たちは人生に波がないと面白くない、と思っているところがあります。その波を「嫌だ」と言いながら楽しんでいる自分がいます。
一見すると刺激があって良さそうですが、**いいことにも悪いことにもいちいち強烈に反応していると、宇宙は「この人は激しいのが好きだ」と思ってしまいます。そして、「これでもか」と、もっと激しい現実をつきつけてきます。嫌なことや不幸の現実化までしてくれるのです。**

「人生、大変だ！」「苦労のオンパレードで！」と大変そうな方は、他でもない、その方ご自身がどこかでその激しいドラマを楽しんでいたりします。
それは、本来のワクワクする人生ではないんです。

確かに、人生はドラマチックなものです。でも、ドキドキハラハラといった類のドラマではありません。

そういうドラマを私はなんとか卒業することができました。そして、心の平安の中でリラックスしていられるようになって、自分も周りも幸せになりました。

ドラマチックな事件が起こったら、ちょっと自分の内側に目を向けてみませんか？
パターンに気づくようにしましょう。
早めに気がついて、その意識を書き換えていけば、とっても人生は楽になります。

書き換え

「安心・リラックスがハイヤーセルフの本来の姿」

ブロック11

「トラウマはなかなか癒やせない」

私にとってのトラウマは「夢やお金」でした。やりたい夢がたくさんあるのに10年以上、ほとんど叶わなかったので、夢やお金そのものがトラウマになっていました。

そのうち何をするのにも「うまくいかないだろう」とか「また失敗する」「お金はどうするの」という気持ちが出てきて、動くことが怖くなってしまいました。

人生の中でショックなことがあると、それが衝撃やトラウマになってなかなか外れなくなります。一度トラウマになってしまうと、同じような状況になるとパニックになったり、焦りが出たりして、ますます同じようなことを何度も繰り返す。そんな苦しい経験をされている方も多いと思います。

このトラウマというものは、精神と肉体の衝撃です。とてもとても根深いもので、トラウマを癒やすのにはものすごく時間がかかると言われます。過去世からのトラウマも含めたら、とんでもなく深い傷になっているのです。

と、ここまで言うと、トラウマを持っている方は絶望的に感じるかもしれません。でも、ご安心ください。潜在意識を書き換えていくとトラウマがスカーンと抜けます。

じつに多くの人がトラウマから楽になっていく姿を何度も目の当たりにしてきました。20年以上悩んでいた恋愛のトラウマが解消されたり、いじめのトラウマでは相手を許せるようになったり、積年の復讐心から解放されたり……。本当に素晴らしい変化を皆さん体験されています。しかも簡単に。

私自身もトラウマを書き換えていくことで、こだわっていたところや執着が外れて、まったく違う意識で夢やお金のことに向き合えるようになりました。気がつくと、悩んでいたことが嘘のようになってしまいました。

トラウマは傷が深いぶん、大きく飛躍するチャンスでもあります。今まで悩んでいた部分がスカーンと抜けるので、その空いたスペースで大きな変化を受け取れます。

トラウマさえも自分自身の武器であり、可能性であるのです。

私もずいぶん苦しみました。でも、それがあったから多くの人の悩みがわかるし、何がひっかかっているのか、どうすればそこから抜け出して夢を叶えることができるのか、潜在意識の書き換えのステップを実体験を通してお伝えできています。

あのトラウマを経験できて本当によかったと今では思っています。

トラウマは外れないとか癒やすのに時間がかかると思っていること自体が、ブロックになっている可能性もあります。

半信半疑でもいいので、どんどん潜在意識を書き換えてみてください。

絶対に外れない、と思っている幻想から抜けていきましょう。

書き換え

「トラウマはスカーンと外れる」「悩んでいたことが嘘のようになる」

第3章

潜在意識の書き換え方

【実践編】

イメージの光の色で潜在意識を書き換える

いよいよ実践です。

最初は思考のブロック（マインドブロック）をたくさん外していきましょう！

基本の潜在意識書き換え１　光の色のワーク

１　マインドブロックを見つける

まず、書き換えたいマインドブロックを見つけます。

マインドブロックとは、悩みやひっかかっている出来事、恐怖心、トラウマなど、あなたの前進を拒むことすべてです。逆に「こうなりたい」という願望でも結構です。

それが何なのかを見つけ出すことが最初にすることです。

恐怖心やトラウマと書きましたが、マインドブロックは大きなものより、小さなものをたくさん出していくのがポイントです。自分でくだらないと思うことでも無視せず、たくさん拾ってみてください。

マインドブロックの例

【悩み】
・お金が貯まらない
・誰にも愛されない
・人の目が気になる
・人に嫉妬してしまう
・嫉妬されて困る
・子どもが苦手
・自分の容姿が嫌い
・何もかもうまくいかない……

【願望】
・恋人が欲しい

・モテたい、人気者になりたい
・お金持ちになりたい
・有名になりたい
・家が欲しい
・車が欲しい
・世間のために何か役立ちたい
・幸せになりたい……

2 イメージの光の色を見る

次に、1で見つけたマインドブロックのイメージを光の色で見てみます。肉眼で見るというより、「そんな気がする」とか「こんな色のような気がする」という妄想のような感じで見てみてください。

どんな色でも大丈夫です。出てきたものがすべて正解ですので、ただ「何色かな？」とぼーっと眺めるように見てください。だいたい30秒くらいです。

マインドブロックの色は黒や灰色など、どす黒く重たい色のことが多いですが、違

う色でももちろん問題ありません。

3　新しいイメージの色に替える

マインドブロックの色が見えたら、次に、それを「新しいイメージの光の色」と思って見てください。出てきた新しい光の色を見つめていきましょう。やはり30秒くらいです。

見るのはやはり肉眼ではなく、妄想のような感じです。「なんとなく」で見てみてください。先ほどと色が違えば何色でもOKです。

もし新しいイメージの光が見えづらいようでしたら「新しいイメージの光を見せなさい」と潜在意識に命令します。潜在意識はぼやっとしていて、いい悪いの判断ができないので、こちら側がはっきりと意図を出さないと明確なイメージが出ないときがあります。だから「イメージを出しなさい」とか「見せなさい」と命令することで、はっきりと出してくれるようになります。

以上が潜在意識の書き換えのステップになります。1個のマインドブロックに対して数分で書き換えることができます。何度も繰り返しやっていただくことでイメージの光がポーンと軽く出てくるようになります。どんどんやってみてくださいね。

練習のために例題を出してみますので、そのイメージの光を見てみましょう。

例題1

【ブロック（悩み）】人の目が気になる

「人の目が気になる」というイメージの光の色を見ていきます。灰色の光、もやっとした光、曇った光など……出てきたものが正解です。それを見ていきます。30秒くらい。

【書き換え】人の目は気にしなくていい

「新しいイメージの光」と思って、その光の色を見ていきます。見づらい場合は「新しいイメージの光を出しなさい」と命令して、その光をありありと見ます。30秒くらい。

例題2

【ブロック（悩み）】何もかもうまくいかない

「何もかもうまくいかない」というイメージの光の色を見ていきます。灰色の光、もやっとした光、曇った光など……出てきたものが正解です。それを見ていきます。30秒くらい。

【書き換え】すべてがうまくいかなくていい

「新しいイメージの光」と思って、その光の色を見ていきます。見づらい場合は「新しいイメージの光を出しなさい」と命令して、その光をありありと見ます。30秒くらい。

例題3

【ブロック（悩み）】お金が貯まらない

「お金が貯まらない」というイメージの光の色を見ていきます。灰色の光、もやっとした光、曇った光、その他のイメージが出てくるかもしれませんが、出てきたものが正解です。それを見ていきます。30秒くらい。

【書き換え】お金は貯まらなくていい、お金はいつの間にか巡ってくる

「新しいイメージの光」と思って、その光の色を見ていきます。見づらい場合は「新しいイメージの光を出しなさい」と命令して、その光をありありと見ます。30秒くらい。

例題４

【ブロック（願望）】モテたい、人気者になりたい

「モテたい、人気者になりたい」というイメージの光の色を見ていきます。緑とか、青とか、少ししょぼんとした、願望をさえぎる感じの色が出てくることが多いです。出てきたものが正解です。それを見ていきます。30秒くらい。

【書き換え】私はモテていい、人気者になっていい

「新しいイメージの光」と思って、その光の色を見ていきます。見づらい場合は「新しいイメージの光を出しなさい」と命令して、その光をありありと見ます。30秒くらい。

こんなふうに書き換えていくと、願望をさえぎる周波数がなくなっていくので、より叶いやすくなっていきます。

例題５

【ブロック（願望）】○○が欲しい

家や車など、「○○が欲しい」というイメージの光の色を見ていきます。明るい光、もやっとした光、曇った光など……出てきたものが正解です。それを見ていきます。30秒くらい。

【書き換え】「○○」を手に入れていい

「新しいイメージの光」と思って、その光の色を見ていきます。見づらい場合は「新しいイメージの光を出しなさい」と命令して、その光をありありと見ます。30秒くらい。

繰り返しますが、出てきたものはすべて正解ですので、何色であってもジャッジしないでそのまま受け入れて、淡々とやってみてください。

ブロックや悩みの原因は、その周波数に問題があるということです。この書き換えの真髄は「周波数を変える」ことなので、イメージの色がどんな色であるとか、見えているものが何か、ということにはほとんど意味はありません。色の意味を深く掘る必要はないのです。

また、書き換えていけないことなど一切ありません。「こんなこと考える私って嫌な人間かな」とか「バチが当たるかな」とか「かえって悪くなるかな」「今の幸せまでなくなってしまうかな」などと、そんなふうに思わないでください。

潜在意識はすべてわかっているので、自分にも周りにもすべて最善な方向へ導いてくれます。安心して思いついたものをどんどん書き換えてみてください。

基本の潜在意識書き換え２

電球取り替えワーク

光の色がどうもうまくイメージできない、という方はこちらを試してみてください。

これまでの私の本やＹｏｕＴｕｂｅ動画などでも繰り返しご紹介してきた方法で、私自身もひんぱんに使っています。

やっていることは「光の色」のワークと同じですが、イメージが具体的なので、やりやすいかもしれません。

１　マインドブロックを見つける

ここまでは１０８～１１０ページに書いた内容と同じです。

２　電球をイメージする

自分の部屋や今いる場所に「書き換えたいマインドブロックの電球がついているとしたら？」とイメージしてみてください。

それはどんな電球ですか？　その電球の形や色、明るさなど、あれこれ想像してみ

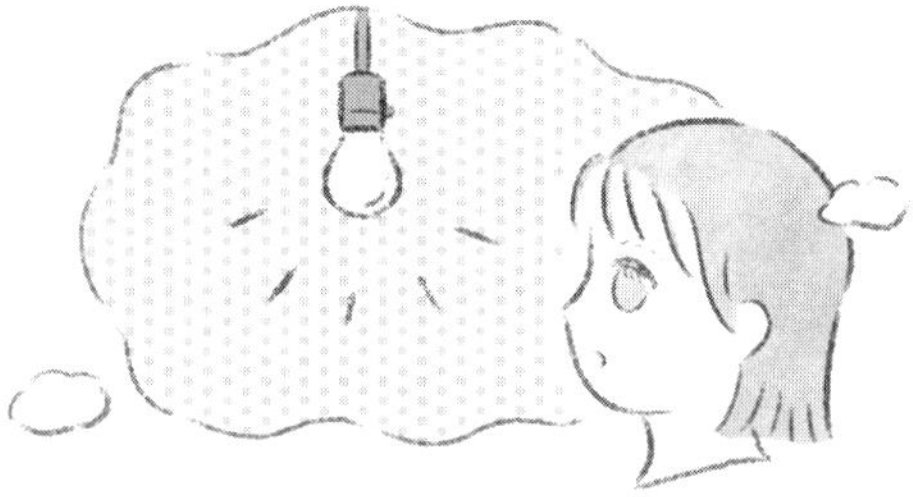

ます。

3　古い電球を外して、新しい電球の灯りを見る

電球はクルクルッと回してすぐに外れますよね？　同じように、マインドブロックの電球を外して、ポイっと宇宙へ放り投げてしまいます。

そして、新しい電球に付け替えます。好きな電球、憧れの電球、手に入らないかもしれないと思ってしまう電球、どんなものでも大丈夫。自由に選んでください。

さあ、点灯してみましょう。どんな灯りが見えますか？　なるべく明るく大きな光を感じてください。30秒くらいです。

光の色のワークも、この電球取り替えのワークも、効果は同じです。

気分に合わせて、やりやすい方法で試してみてください。両方やってもOKです。

感情を書き換える

イメージするのが苦手な方や、怒りがたまっていたり、不安感など感情が先に出てきたりする場合のワークもお伝えします。

感情の周波数を変えることも、潜在意識の書き換えになります。

感情の書き換えワーク

1 ひっかかっている感情を見つける

どんな感情が心地悪いのか、手放したいのかを見ていきます。

今のリアルタイムな感情だけでなく、思い出すと嫌な気持ちになったり、怒りを感じてしまったりする過去のこと、想像するとなんだか不安になる未来のことに対しても効果的です。

チェンジ!!

手放したいと思う感情を見つけたら、まずはそれを感じていきます。30秒くらいです。

2 「チェンジ」と言葉を出す

次に、書き換えるために言葉を出します。1の感情を感じながら「チェンジ」と言ってください。

言葉は頭の中でも実際声に出しても、どちらでも大丈夫です。少しゆっくりめに、そして、その言葉に強く意識を向けてください。10秒くらい意識を向けます。

3 もう一度、感情に意識を向ける

もう一度、気持ちや感情に意識を向けてみます。そうすると、前の感情や気持ちが変化しているのを感じるでしょう。そのまま30秒くらい感じ続けてください。

もしも変わっていることを自覚できなくても、ちゃんと潜在意識の中では変わっていますので、安心して繰り返しやってみてください。

ちなみに、これは感情だけではなく、体の痛みなど、体感としての不快感にも使えます。やり方は感情の書き換えとまったく同じです。

体の不快感の書き換えワーク

1　不快感を感じているところに意識を向ける
2　「チェンジ」と言葉を出し、その言葉に10秒くらい意識を向ける
3　もう一度、不快感を感じたところに意識を向ける

実際に変化を実感できると思いますし、実感できないとしても、必ず変わっています。ぜひ、やってみてください。

何度も出てくるブロックと向き合う

私は誰よりも考え方の癖が強かったので、最初のうちは思考の癖や自分に対するネガティブな思いを紙に書き出して、泣きながらブロック解除していました。

思考の癖に気がつき始めると、たくさんいもづる式に出てきます。自分でも驚くと思います。それだけ私たちは多くの思考の癖に左右されているということです。どんどん外していきましょう。

その中で何度も出てくるブロックやネガティブな思いがあります。

何度も出てくるブロックがあるということは、向き合うことによって大きなものがごっそりと外れるという素晴らしいチャンスです。例えば私の場合、お金を稼ぐことへの罪悪感がその1つでした。

何度も出てくるブロックがあったら、怖がらないでブロックと向き合ってみてくださいね。

何度も出てくるブロックとの向き合いワーク

1　原因を見る

なぜそのブロックが出てくるのか、原因を見ていきます。どんなときにそのような気持ちが出てくるか、経験や出来事を探っていきます（親の言葉、嫌な経験など）。

2　ひっかかる感情を見る

そこにあるどんな感情がひっかかっているかも見てみましょう（罪悪感、無価値観など）。

3　苦しかった自分をほめる

原因がわかったら、そのことで苦しかった自分をまずはほめてあげましょう。「今までよく頑張ったね」と。

4　どうしたいのか？　聞いてみる

「自分はどうしたいのか」「どうなりたいのか」を探ります。思い浮かんだら「○○

していい！」という潜在意識に書き換えていきます。

ネガティブな感情は一度思いっきり出して感じきるとフッと楽になっていきます。そんな感情を出しきるワークを2種類お伝えします。

ネガティブな感情を紙に書き出すワーク

1　感情を殴り書きする

紙とペンを用意して、今の感情を紙に思いっきり殴り書きしていきます。ひどい言葉や汚い言葉でも遠慮なく気がすむまで書きましょう。

2　紙を消し去る

その紙をぐちゃぐちゃに丸めて、思いっきり投げる。または火で燃やす。ごみ箱に投げる。

3　感情を味わう
スカッとしていませんか？　すっきりした感情を感じてみましょう！

感情を感じきるワーク

1　感情を思い出す
ネガティブな感情を思い出して、しっかり感じます。

2　感情を味わう
ちょっと時間がかかるかもしれませんが、しみじみとその感情を味わいます。

3　とことん感じる
強く、強く、その感情を感じると、「もういいや」という気持ちや「すっきり」した感覚が出てきます。そうなれば、もう意識が変わっています。終了です。

潜在意識のパターンチェック

そもそも、マインドブロックを見つけられない、よくわからない、という方のためにヒントをご紹介します。

潜在意識には特徴的なパターンがあります。そのパターンは、だいたい4種類に分けられます。

- 修行僧、宗教者タイプ
- 正義感の強い戦士タイプ
- 能天気、根あかタイプ

・植物、鉱物、妖精タイプ

それぞれの特徴を挙げますので、この中で当てはまる項目が多いところが、あなたの潜在意識のパターンだと思ってみてください。

どのパターンも素敵な個性で、いい・悪いはありません。ですが、これを知っていると特徴的なブロックが見つけやすいので参考にしてみてくださいね。

〈修行僧、宗教者タイプ〉

□困っている人がいるとすぐ手を差し伸べる
□人のために尽くすことが多い
□お金を受け取ることに抵抗があり、無償の働きをするところがある
□「何かやらなければ」と落ち着かない
□いつも自分に厳しい

□自分のことがよくわからない
□自分を満たすとか甘くするとか、幸せになるとかよくわからない

こちらのタイプによくあるブロックと、効果的な書き換えはこちらです。

・なまけてはいけない→**ありのままのそのままでいい**
・社会に貢献しなければいけない→**頑張らなくていい**
・人のためになることをしなければいけない→**幸せになっていい**
・自分に厳しくしてしまう→**苦労しなくていい、自分のために生きていい**

〈正義感の強い戦士タイプ〉

□弱い者いじめは許せない
□自分をしっかり持っている
□今までだいたいうまくいってきたが、

ときどき人とぶつかる

□自分の命を何かに使いたいと思っている
□物事をはっきり伝える
□上司とぶつかることが多い
□度胸がありそうに見られるが、意外と気は小さい

こちらのタイプによくあるブロックと、効果的な書き換えはこちらです。

・社会に貢献しなければと焦る↓**すでに社会に貢献している、私はそのままで素晴らしい**
・世の中に許せないことが多くてつらい↓**戦わなくてよい**
・いつもイライラしている↓**私はそのままで愛されている**
・何かにせかされている↓**のんびりしてもよい**
・使命を探さなければと思っている↓**そのままの自分で幸せになっていい**

〈能天気、根あかタイプ〉

□あまり苦労をしたことがない
□いつもなんだか楽しくて悩みがない
□へらへらして怒られる
□人の気持ちがわからない
□引き寄せやシンクロが多くて、いろいろうまくいく
□深く物事を考えられない
□本当に、心からみんなのことが大好き

こちらのタイプによくあるブロックと、効果的な書き換えはこちらです。

・八方美人だとか調子にのっていると言われる↓**私の存在は人を明るくしている**
・人に嫉妬されやすい↓**そのままでいい**

・地に足が付いていない↓**地に強く足を付けていい**
・気が散りやすい↓**落ち着いていい**
・人に共感できない↓**そのままでみんなに愛されている**

〈植物、鉱物、妖精タイプ〉

□人が怖い
□話すのが得意ではない
□静かなところでゆっくりするのが好き
□大人数が苦手
□美しいものに触れているのが好き
□いつも自分のことを責めてしまう
□他の人と同じようになりたくて、人に合わせて嫌な思いをする

こちらのタイプによくあるブロックと、効果的な書き換えはこちらです。

・人が苦手、人の目が気になる↓**人の目を気にしなくていい**
・攻撃されているように感じる↓**そのままでみんなに愛されている**
・自分は根くらで面白くないと思っている↓**人に合わせなくていい**
・自分が嫌い、劣等感がある↓**私はとても心がきれいだと認めてよい**
・集団行動が怖い↓**みんなと同じようにならなくていい**

以上それぞれ、潜在意識のパターンであり、魂のパターン、過去世のパターンでもあります。思い当たるものがあったら1つ1つ書き換えていくとどんどん楽になっていくでしょう。

さて、ここまで思考のブロックをたくさん外す方法をご紹介してきました。
次の段階では、インナーチャイルドや過去世を見ていきます。

子どものころの潜在意識の解放がカギ

人は幼少期に脳と感覚器官、運動器官を完成させていきます。一連の発達を通して意思どおり動く身体を作り出し、ありとあらゆる動きを経験しようとしていきます。同時に、体験や経験を通して自分というものを確立していきます。日常で何度も繰り返していることを「自分」の土台としていくのです。

ですから幼少期の体験が自分自身を形成していると言えます。**顕在意識に入っている考え方の癖やブロックで根強いものはほとんどが幼少期のものです。**

また、当時感じた親の観念なども影響しています。小さいときに親に言われたこと、小さいときに受けたショックなどを大人になってからもずっと持ち続けていたりします。

私はセッションを通して、幼少期の経験にいまだにとらわれている方を多く見てきました。その中には、幼少のころに感受性が強くていろんなことがわかってしまい、このまま生きていくのは危険だと察知して、能力を幼少のころに閉じたという方も多くいます。

子どものころは、大人になった今では考えられないほど、とんでもなく感性が敏感です。その敏感な自分自身が感じた小さなショックは、ものすごく大きなこととして潜在意識に刻まれていることが多いのです。

ですから、現在悩んでいることやひっかかっているものの多くは、幼少のころの経験、特に8歳ぐらいまでの経験が潜在意識に刻まれているので、その解放がカギであるとも言えるのです。

幼少のころの自分が解放されてくると、面白いように今の自分も自由になっていきます。

幼少期の経験を解放するワーク

1　0~8歳までのことを思い出す

0~8歳までに何があったかをじっくり思い出してみてください。いい経験も悲しかった経験もぜんぶ思い出してみてください。

1歳ずつ見てみるのもいいですし、おおざっぱに、ざっくりでも、もちろん大丈夫です。

2　今のブロックの原因を探る

今ひっかかっているブロックでなかなか外れないと感じるものは、幼少のときの何かの経験から来ている可能性があります。その原因を探ってみましょう。

3　0～8歳の傷ついた自分自身を癒やす

原因がわかったら、そのときに傷ついた自分自身を優しく癒やしていきます。嫌だった経験に今の自分が寄り添ってあげてください。「よくやったね」「あなたは悪くないよ」「ひどいよね」と、どんなことも幼少期の自分の味方になってあげます。

誰にも認めてもらえなかったから苦しかったんです。誰かが見ていてくれれば、認めてくれたら、安心して自分を許せるのです。ですから、「もう大丈夫だよ」と声をかけてあげてください。

それでもまだ納得しないようなら、その子がどうしてほしかったかを聞いて、それをイメージの中でやってあげます。例えば「お母さんに抱きしめてほしかった」とその子が言ったら、お母さんに抱きしめてもらっていると想像してみてください。

その子が笑顔になったら癒やされた証拠です。時間をかけてやってあげてくださいね。

失敗するパターンの過去世を書き換える

特にひっかかっているブロックや根強く深い悩みなどは今世《こんせ》に持ち越している過去世です。特に、過去世でのトラウマや経験による周波数が今世の自分自身のパターンを作っていたりします。

過去世とは無数にある私たちの過去の生での経験のことを言います。そのうちの直近のものが前世です。

過去世は変えられないと思われがちですが、そんなことはありません。というか、めちゃ簡単に変えられるのです。

過去世を見て、やり残したことをやらせてあげるだけで過去世の記憶を書き換えることができます。すると、今現在の周波数も簡単に変わります。とりわけ恋愛やお金のブロックから抜けられるようになります。

私も夫との過去世、子どもとの過去世、お金にまつわる過去世、人間関係に関する過去世、昔の彼と私の過去世、水が怖い原因の過去世……いろいろ見てきました。

過去世の書き換えワーク

1　テーマを決める

特に強いマインドブロックや今世で繰り返していることを「テーマ」として決めてください（お金や恋愛でうまくいかないパターンなど）。

2　出てきたイメージをよく見てみる

「私の〇〇を妨げている過去世」と思って、出てきたイメージをよく見てみます。

難しいと思う人もいるかもしれませんが、ふっと出てきたイメージがあれば、それが正解です。

どこの国ですか？

場所は？

どの時代ですか？
どんな人が出てきましたか？　主人公らしき人が自分です。
周りの背景は？
その人はどんな感情を抱えていますか？

3　ブロックの原因を見る

今世でブロックになっている原因は何かを見ていきます。その人はどうしたかったのか、何が心残りだったのかを見て、感じていくのです。過去世の自分に聞いてみてください。

4　原因を書き換える

過去世でやりたかったことを思いっきりイメージしてあげます。遠慮はいりません。むしろイメージだからこそ、思いきり叶えてあげてください。

例えば「お腹が空いていて何かをたくさん食べたい」とその人が言ったら、とことん豪華な食事をイメージしてください。さらに、それを1人ではなくみんなで食べて

いるイメージにするともっといいですね。

こんなふうに盛って、盛って、盛りまくってください（笑）。ここで遠慮する人が多いのですが、思いきりスカッとするまでやってあげてください。

そのイメージをよく見てみましょう。その人は、どんなふうに変わりましたか？どんな感情を抱えていますか？　どんな表情をしていますか？

その人が笑顔になったり表情が柔らかくなったり、ほっとした表情になったら書き換え終了です。

大切な人の潜在意識を書き換える

離れた人の潜在意識も遠隔で書き換えることができます。

潜在意識はつながっているので、自分以外の人の潜在意識を書き換えることも可能です。

ただし、1つだけポイントがあります。それは「相手の承認が必要」ということです。

こちらから見て相手の悩みやブロックが苦しそうに見えても、相手の魂は喜んでいる可能性もあるのです。

すべての魂にはその人がある程度決めてきた人生のシナリオがありますし、人の自由意思には手出しができないのです。これが宇宙のルールです。

苦しそうに見える人も、その人自身にはとても大事な学びかもしれません。それに対して他人が勝手に手出しをしようとしても、最終的に受け入れるかどうかは、その人の意思に委ねられています。

ですから、他者の自由意思に干渉することや勝手に書き換えることはできません。本人の承認なしでどんなに書き換えをやったとしても、変わらないのです。

けれど、相手の承認さえあれば、あなたの力で大切な人を救う手助けができます。悩んでいる人や悲しんでいる人の力になってあげたいですよね。

方法は、自分の潜在意識を書き換えるのと同じです。

他者の潜在意識の書き換えワーク

1　マインドブロックを相手に聞く
2　相手を意図して「○○さんのマインドブロックの光」と思って見る
3　相手に書き換える許可をしてもらう
4　新しい光の色を見て、ありありとその色を感じる

相手が目の前にいるときも離れている遠隔でも同じやり方になります。電話やＬＩＮＥ、Ｚｏｏｍなどのアプリ通話でももちろんできます。

あなたは本当に何がしたい？

ここまで現在のマインドブロック、過去やインナーチャイルド、過去世の書き換え方法

をお伝えしました。

「え!? これだけ?」と驚かれたでしょうか。そう、やり方自体は嘘みたいにシンプルで簡単なんです。

ただ、人によっては「新しいイメージの光の色」や「新しい電球」、幼少期にしてほしかったこと、過去世で叶えたかったことをイメージすることを難しく感じるかもしれません。

そんな人こそ、この機会に「潜在意識を書き換えて何を目指すのか?」「どうなりたいのか?」「自分は本当に何がしたいのか?」にきちんと向き合ってみてほしいのです。

私たちは、すべて自分の頭の中の観念で感情を感じて、それが外側に映し出されて現実を作り出しています。潜在意識の書き換えで、頭の中の観念をどんどん書き換えて周波数を変えていくことによって、やりたいことや叶えたい願望を次々と叶えていくことができます。

せっかくこの世に生まれてきて、自分が何をしたいのか、どうなりたいのか、それなのに何がひっかかっているのかを自分で見ること、向き合うことは、あなたの人生にとってなによりの転機です。

目をそむけずに、この機会に自分が何をしたいのかを見てみてくださいね。

人生は楽しいものです。

人生は苦だとか、苦労こそ人生、なんて言われて育ってきた方もいると思いますが、それは正解ではありません。

人生は思ったとおりになる。ただそれだけです。だって、すべて頭の中の観念が外側に映し出されているのですから。

人生は楽しんでいいのです。楽しいと思ったら楽しい現実になるのです。本当にシンプルです。

あなたが心から楽しいことをすることによって、現実はどんどん楽しいものになっていきます。ワクワクして、子どものように無邪気に遊べるようになります。

そう、人生はそんな子どものような感覚で遊んでいいのです。

潜在意識を書き換えながら、自分が喜ぶことをたくさんして自分を満たしていきましょう。自分にギフトをあげるのです。

それは、心から楽しいことをすること。

そのために、好きなことを増やしていくこと。

1つ好きなことに気がつくと、「自分の周りにはこんなに楽しいこと、好きなことがたくさんあったんだ！」と数珠つなぎのように他にもたくさん気づけるようになってきます。好きなこととは、小さなことでいいのです。寝るのが好き、塗り絵が好き、このアイドルが好きとか……。

見つかったら、それに触れる時間を1日の中でどんどん増やしていきます。そうするとものすごく楽しくなってきます。豊かな気持ちになってきて、もっと小さなことや、それ以外のことでも、いつも楽しめるようになります。

その楽しい周波数が大きな豊かさを引き寄せるようになるのです。

そうやってやりたいことをやりながら、どんどん願望を宇宙に投げていきましょう。

自分の直感や感覚は100％正解です。潜在意識の書き換えをしていくと、さらに自分の感覚を信じることができるようになります。

自分の感覚を信じられるようになると、いつも物事に対して中立で、公平な目で見ることができます。ニュートラルな視点でいられるようになるのです。

そのときこそ、インスピレーションや直感を使っていくのです。

能力を開花させる松果体活性化

人の頭の中心にある、内分泌器官の松果体には知覚器官としての働きもあると言われています。

松果体は「第3の目」「第6チャクラ」と言われる眉間と、「第7チャクラ」があると言われる頭頂部が頭の中で交わるところにあります。小さな梅干しくらいの大きさです。

松果体は別の意識次元からの情報を知覚するための器官です。たとえるなら、ラジオのチューナーのようなもの。ある特定の周波数に合わせることで、その周波数帯で放送されたあらゆる情報が入ってくるようになります。

ですから、松果体を活性化することで潜在意識がさらに活性化し、インスピレーションやメッセージが受け取りやすくなり、スピリチュアル能力がどんどん開花していきます。

同時に、潜在意識を使い始めると自動的に松果体もますます活性化されていきます。

この松果体をうまく使いこなせるようになると、潜在意識へのアクセスは容易になり、目に見えない存在ともコンタクトが取りやすい状態になります。

松果体の活性化ワーク

1　光の柱をイメージする

宇宙から光の柱が降りてきます。
頭に入ってきて、中心にある松果体に当たります。

2　光を松果体に当て続ける

1の光を松果体に当て続けて、松果体がぷっくりと黄金色になるまで光を満たしていきます。

3　眉間から光を出す

「もういいかな」というところまでしっかり満たせたら、そのまま眉間から光を出します。

これで松果体が活性化できます。ゆっくりと時間をかけてやってみてください。

体の部位と会話する

自分の体とコミュニケーションをとると、エネルギーを感じる力が身につき、チャネリング能力が高まります。

123ページの体の不快感の書き換えワークも有効ですが、さらに自分の体の中で気になるところに意識を向けてコミュニケーションをとってみましょう。

体は喜んでコミュニケーションをとろうとしています。

体と会話するワーク

1　会話する部位を決める

胃や心臓、肝臓などの臓器、眼や頭、肩、足、背中などどんなところでもＯＫです。

2　感じたことを言葉にしてみる

そこに意識を向けて会話してみましょう。何を訴えてきているのかを感じてください。

3　今度はこちらから何か質問してみる

体はいつも話しかけられることなどほとんどないので、話しかけてあげると喜んで訴えかけてきます。よく話を聞いてみましょう。

4　体が教えてくれる答えを受け取っていく

体とコミュニケーションをとると、未病、つまり病気になる前に防ぐための方法や、生活習慣のアドバイスなどもしてくれるので、参考にしていくといいでしょう。

これは他者の体にも行うことができます。

目の前に相手がいたら、その人の気になるところに意識を向けます。自分の体へのやり方と同じように気軽にコミュニケーションをとってみてください。

目の前に相手がいない遠隔のときも同じように意識を向けて、何を訴えてきているかを感じられればできます。

他者の体とコミュニケーションをすると、チャネリング能力ばかりか霊視の練習にもなります。構えすぎず、気軽な気持ちでやってみてください。

動物や植物とのコミュニケーションも同じように行えます。パワーストーンなどの鉱物とも会話することができます。いろいろ試してみてくださいね。

高次元の存在を呼んで周波数を上げる

私たちはもともと周波数が高いのですが、思い込みやブロック、悩みなどが原因で周波数が下がってしまっています。

それ以前に、じつは自分と他人のエネルギーがつながってしまって、それが影響して周波数が下がってしまうことが多いのです。自分だけならエネルギーは完全な状態なのですが、人とつながるとどうしても不安定になってしまいます。

私たちはエネルギー体です。そして他のエネルギーとすぐにつながります。**日常の中で他の人のことを考えたり、接点を持ったりするだけでエネルギーとエネルギーがつながってそこで交流をしています。**

そのあと、気づかないうちにエネルギーのつながりが切れるときもありますが、そのままつながりっぱなしのことがほとんどです。相手もいい状態であれば問題ないのですが、その人の周波数が乱れていたり、体調が悪かったり、怒っていたりすると、そういったものがすべて自分のところに来てしまいます。

これは裏を返せば、自分も相手に対してやってしまっていることなので、お互い様なのですが。

ですから、お互いのためにもエーテルコード（エネルギーのつながり）を切るということが大切です。そうやって、それぞれが自分自身のエネルギーだけでいられれば、もともとの高い周波数に戻ることができます。

ここでは高次元の存在である大天使の力を使って浄化してもらい、元の周波数に戻していきましょう。

地球は三次元ですが、大天使は七次元以上のとても高い波動領域に存在し、強力な浄化力で不要なエネルギーを断ち切ってくれます。

なかでも大天使ミカエルは万能で力強い天使です。

周波数を上げるワーク

1　大天使ミカエルを呼ぶ

目をつむって大天使ミカエルを呼びます。「大天使ミカエル来てください」など、呼び方は何でもいいです。

2　大天使ミカエルに浄化をお願いする

ミカエルが来たことを感じたら（感じられなくても呼べば来ています）、「私の周りや

Please

私の中にある低い周波数を浄化してください」とお願いします。リラックスして浄化を感じます。

3　負のエーテルコードを断ち切ってもらう

他人から受ける負のエーテルコードを断ち切ってもらいます。「私から他人に伸びる執着やエーテルコードを断ち切ってください」と依頼します。

さらにリラックスして浄化を感じます。

終わった気がしたら、お礼を言って目を開けます。

地に足を付ける「グランディング」

潜在意識を使い出すと、どんどん周波数が上がり、少し浮きやすくなるのでグランディングが必要になっていきます。

グランディングとは、まさに「地に足を付ける」こと。自分と地球をしっかり結びつけることです。

グランディングが弱いと、日常の中でうまくいかないことが発生したりもします。例えば、

・時間の感覚がずれる（遅刻が増える）
・お金のことがわからない（使いすぎたり、貯められなかったり、扱いがわからない）
・浮世離れしてしまう
・自分の言いたいことが人に伝わらない

・フワフワしているとか、天然と言われる
・やりたいことがあっても注意力が散漫になる
・現実的になれない
・孤独を感じる
・言っていることが散漫になる　ｅｔｃ．……

ご自身の魂が宇宙での経験が多い場合も、このあたりが当てはまるかもしれません。そういう方は地球の感覚がわからなかったりするのです。

地球には地球のルールややり方があるのですが、もともと周波数の高い方の個性は地球では欠点として映る場合があります。グランディングが弱いばかりに力が発揮できないのです。

グランディングを意識したり、その力が強くなってきたりすると、まるで水を得た魚のように自由に地球で遊べるようになってきます。

・グランディングワーク・

1　エネルギーをすべて丹田《たんでん》に集める

頭の上や散漫になっている周りのエネルギーをすべて丹田に集めていきます。丹田の場所はおへその指3本下あたりです。

ガチャガチャしたもの、ソワソワするもの、すべて丹田へ持っていきます。

2　丹田に呼吸を入れる

息を吸って吐きながらお腹をへこまし、丹田に意識を向けていきます。それを2〜3分繰り返します。

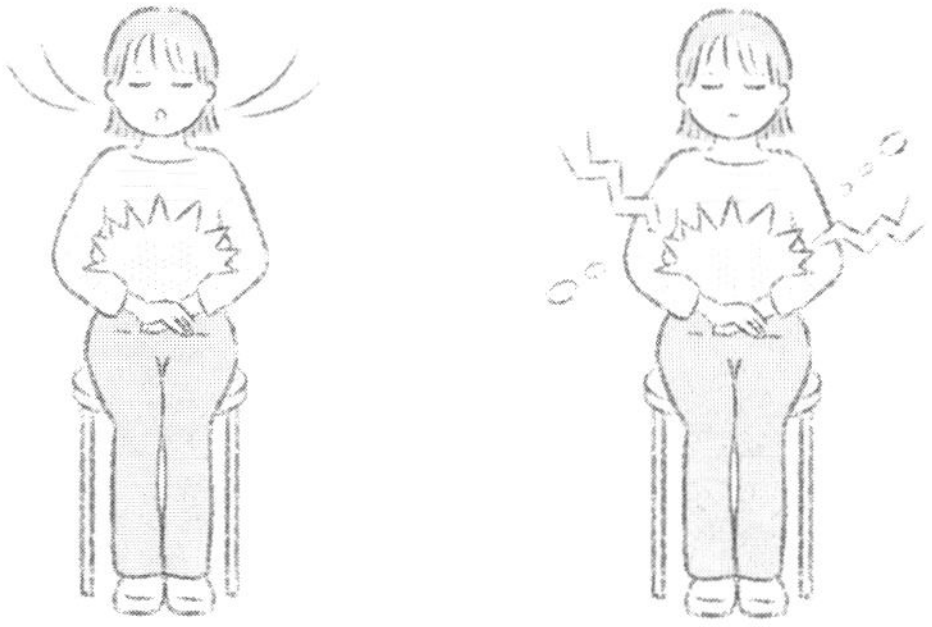

3　エネルギーを下に降ろす

そのまま呼吸を続け、息を吐きながら丹田に意識を向けて、エネルギーを下に降ろすイメージをしていきます。そのエネルギーが地球の中心まで行くようなイメージをします。

4　1〜3を繰り返す

落ち着くまで繰り返しやっていきましょう。10〜15分ほど行うとものすごくすっきりしてきます。

第4章

潜在意識フル活用で起こるお金のミラクル

一番変えたかったお金についての潜在意識

私に寄せられる不動の悩みナンバー1はお金です。現実が苦しい、その一番の原因はお金であることが多いのです。

お金の悩みは本当に深くてやっかいで、私たちの意識を苦しめています。

私自身もまさに最大の悩みはお金で、潜在意識の書き換えで一番変えたかったことはズバリ「お金のブロック」でした。そして、最大に変わったのも、お金のことだったように思います。あんなに苦しかったのに、今はほぼお金のことを考えない日々を過ごしています。

潜在意識を書き換えていくと周波数が変わります。抜け出せないと思っていた苦しい悩みの周波数から、いつの間にかまったく違う周波数へと変わってしまいます。そのおかげで、お金のことも、あらゆる現実も大きく変わっていくようになっていきます。

今、お金のことで苦しい思いをしている方も、潜在意識を書き換えていくと必ず現実は変わっていくので安心してください。

これから、私自身の最大のブロックであったお金のブロックをどういうふうに書き換えたか、そのために何をしたかなどを、すべてお伝えしていきます。

思えば、ほんの数年前のことです。私はいつも、いつもお金のことばかり考えていました。「お金がない」「どうしたらお金が稼げるか」「お金がある人はいいな」「お金が貯まったら〇〇しよう」「お金が続かないから先の未来が心配で苦しい」……こんな感じで、お金の悩みが多く、本当に苦しい時期が10年以上続いていました。「稼ぐなんて、私にはもう無理なんじゃないのか」と、ほぼ人生をあきらめていたほどです。

そんな状況から一変。潜在意識の書き換えでお金の悩みもブロックも、ほぼなくなりました。まさか、こんな日が来るなんて……。

まず、潜在意識を書き換えようとして、気づいた私のお金に対するブロックと、書き換えたイメージはこんな感じでした。

そして、書き換えたとおりに現実も変わっています。

【ブロック】やりたいことはお金を貯めてから始めたほうがいい
【書き換え】やりたいことはとりあえず調べる。やり始める（お金はあとからついてくる）
【ブロック】時間給で働く以外の選択肢が思い浮かばない
【書き換え】自営業としてやりたいように仕事ができる
【ブロック】自分でお金を生み出したことがなく、稼ぐことが怖い
【書き換え】お金を生み出せるようになり、そんな自分に慣れて、どんどん稼ぐのが得意になる
【ブロック】顕在意識で考えられる範囲でお金を作ろう
【書き換え】「やりたい！」という気持ちを一番に尊重して、お金のことを考えないで物事を進める。お金が必要になったら、その時々で知恵を出して、いいアイデ

アを直感で降ろしてお金を作ればいい

【ブロック】がつがつ仕事をしなければお金は貯まらない
【書き換え】お金も大事だけれど時間はもっと大事。がつがつは卒業して、楽にゆったりと過ごしながらお金を稼ぐ&貯める方法を研究する

【ブロック】結果がすぐに出なければ、新しいノウハウを試す（ノウハウジプシー）
【書き換え】そのために使ったお金はどこかで返ってくる。今取り戻すというより、いつか何かの形で戻ってくる、と信頼する

【ブロック】ローンに対してものすごい罪悪感がある
【書き換え】ローンは心の安定や安心感を与えてくれるもの

【ブロック】なるべく安いものを買う
【書き換え】値段の安い高いは気にしない（相変わらず質素で物欲はほぼありませんが・笑）

【ブロック】大きな目標を掲げては 今の現実（貯金額）を見て「無理だ」と思っていた
【書き換え】引き寄せの法則を理解したので、まずビジョンと感情で大きな目標が達成されたときの気持ちを感じる（タイミングが来たらお金も現実も完璧な流れで動いていくので、顕在意識で無理にこねくり回さない）

【ブロック】お金で失敗した経験がトラウマになっていた
【書き換え】お金での失敗をまったく思い出さなくなっている

以上は私の実体験ですが、私に限らず、お金の潜在意識を書き換えて楽になった方、お金が回るようになった方は数えきれません。

前述のとおり、お金の悩みは周波数を書き換えると本当に楽になります。不思議ですが、お金が減らなくなります。お金が回るようになります。お金を稼ぐことに抵抗がなくなります。お金をもらえるようになります。お金について悩まなくなります。そして、お金はエネルギーだ、ということに気づけます。

あなたも大丈夫です。変わります。それを楽しみに読み進めていただければと思います。

お金に対する悩みが一切なくなった

私は10年以上お金の苦労があり、どん底で、お金に対するしがらみがものすごくありました。でも、潜在意識を書き換えて、今ではお金に縛られることは一切ありません。これは本当にすごいことだと思います。意識の書き換えでこんなに楽になれるのです。

同時に、私にとって人生のほとんどの悩みはお金が原因になっていたこともわかりました。例えば、夫とのケンカの原因のほとんどがお金にかかわるものだったので、お金のしがらみから抜けて楽になれたら夫とのケンカも減り、家庭円満になりました。このように、お金の悩みは、お金以外の大事なことにも及んでいます。

お金の潜在意識を書き換えて、私自身がどんなふうにお金に対するブロックが外れ、しがらみから抜け出してきたか、その過程をもう少し詳しくお話ししていきます。

まず、いつも未来のことが心配だったのに、「なんとかなるはず」と、開き直れるようになってきました。おかげで、いつも事あるごとにお金のことを考えていたところから、お金のことを考える時間がぐんと減っていきました。

そんなふうにお金に縛られていたところから気持ちが外れてくると、なんだかいろいろやってみようと、少し前向きになってきます。今までやってないことにチャレンジしようかな、という意識になったり、新しい出会いの場に行ってみようかな、などと思ったり。今まで思わなかったようなところに意識を向けられるようになり、その波に徐々に乗っていけたのです。

また、自営業を始めて、直接お客さんからお金をもらうことにも抵抗があったのですが、そこも潜在意識を書き換えながら、徐々に、徐々に自分自身のステージを上げていきました。

そもそも、大きなお金を使うことやローンに対しての恐怖心や罪悪感がありました。ところが、あるタイミングで大きなお金が必要になりました。30万円という、私にとっては大金でした。そのためにローンを組むことになり、怖かったけれど潜在意識を書き換えながら進んでみました。

それをしたことで、結果的にまた1つブロックが外れました。ローンは悪いものだと思っていましたが、生活が本当に大変なときにローンによってお金のゆとりと心の安心を持てたこと。そしてローンを組んだおかげで新しいことにチャレンジできたこと。

その後はローンに対して恐怖心どころか感謝が生まれました。

もともと会社勤めだったので、自営業になってからも「自分で稼げるわけがない」とか「家族を支えるのはとても無理」という気持ちが出てきました。そのたびに、潜在意識を書き換えました。

そして、うまくいっている人の真似をして、考えるよりも先に行動している自分がいました。トライ&エラーで実践を繰り返して、自営業の働き方に慣れていきました。失敗しても、すぐに次の行動を起こせました。

小さな子どもを2人抱えた状態だったので、臆病で安定志向の私は、自営業でうまくいきだしてからも、ぎりぎりまで会社勤めと自営業を両立していました。

「潜在意識を書き換えよう、現状を変えたい」と思いながらも、急に無理なことはせず、着実に現実を生きながら、少しずつお金のブロックが外れてきた、というのが私の実体験です。

そうやって、ついにお金に対するしがらみは一切なくなりました。今はとても幸せで豊かな気持ちで過ごせています。

お金は魔物？　縛られてない人はいない

私たちは生活をするうえで必ず「お金というシステム」を使っています。生活と切っても切り離せないものがお金です。お金のことを考えずにすむ人はいないでしょう。

誰もが生きるためにお金のことを考えているし、お金に縛られていない人はいません。

あなたがお金に悩んでいるとしても、みんなそうですから安心してくださいね。

中でも、日本人の多くは親や家族のお金の観念が影響していることが多いと思います。昭和世代はお金を多く持つことを良しとしない偏った観念を持つ方も多くいます。その影響が私たち世代に引き継がれています。

「お金は魔物である」「お金を多く持つことは罪」「お金を稼ぐ人は悪い人」「お金で人との関係は変わる」「お金は人を狂わす」「稼ぐようになると人が変わってしまう」「お金には慎重になりなさい」「お金に騙される」「お金を多く持つと狙われる」ｅｔｃ．……なんて怖いんでしょう！　皆さんはどうですか？　一度は言われたことがあるのではないでしょうか？

私自身も親のお金の観念がかなり入っていました。親が悪いということではなく、その親も自分の親に教わってきた観念であり、また世間一般の風潮もそのようになっていたのです。だから、当たり前のようにお金に対してブロックが入ってしまったのです。

そのブロックの根底には、お金への執着、恐怖心、抵抗があります。

・お金への執着

お金に対して悩みが多いということは、それだけお金に対して強いブロックが入っているということです。さらに、そのブロックは強い執着になります。お金に執着しているというよりも、お金に対する考え方に執着してしまっているのです。

例えば、**いつも「お金がない。どうしよう」と考えている人は、「お金がない」というところに強く意識が向いています。そこに、かなりブロックが入っています。**

そして、お金がない現実が何回も繰り広げられてしまうという悪循環が生まれています。41〜43ページでご説明した映写機が映し出す現実のことです。

そうしたお金に対しての強い思いや執着は、その執着の周波数によって、さらに現実がうまく動かない原因になります。まずはその部分を書き換えていきましょう。

・お金への恐怖心

お金への恐怖心、私はものすごくありました。お金がなくなる恐怖心。食べていけるのか、将来やっていけるのかという恐怖心……。

なぜ、そうした恐怖心を感じるかというと、それは私たちの現実世界ではすべてにお金がかかる（と思っている）からです。「お金がなくなる＝生きていけなくなる」という生命の危機を感じることにつながり、そのために強い恐怖心を抱いてしまいます。まずは、そんな恐怖心が自分の根本にあるということに気がつきましょう。

確かに、お金は生活に根づいています。しかし、実際のところ、お金がなくても生きている人はたくさんいますし、生きていけるのです。お金がなくてもなんとかなるのです。

皆さんの中にも、「貯金が底をつきそうだ」「支払いができないかもしれない」など、実際に危機が何度かあった方もいると思いますが、どうですか？　生きてこられていますよね。私自身もどう頑張っても、稼いでいるお金よりも出ていくお金のほうが多くて「どうなるか……」と思っていましたが、なんとかなっちゃいました。人には知恵がありますし、そういうときこそ知恵を使ってなんとかできるものなのです。

恐怖心は低い周波数なので、この周波数を出しているとお金は巡ってきません。

また、お金に関する恐怖心を持ち続けることで、お金以外のこともうまくいかなくなってしまうのです。

ですから私は「**お金がなくなる＝生きていけなくなる**」という恐怖心を、「**お金がなくなっても生きていける**」と書き換えました。

・お金に対する抵抗

多くの人が「お金を稼ぎたい」「豊かになりたい」と思っているのに、なぜうまくいかないのでしょう？

それは「稼ぎたい」「豊かになりたい」と思いながら、同時に「お金を受け取れない」「お金をもらえない」「豊かさを受け取れない」という抵抗の周波数を出しているからです。今現在の自分自身のお金に対する観念が妨げになっているから、お金の豊かさが受け取れない、巡ってこない原因になっています。

自分自身がお金に対して拒否している観念を正直に見つめてください。過去にお金で失敗した経験、だまされたことや使ってしまったことへの罪悪感が豊かになることへの抵抗になっていないでしょうか。

豊かになることに抵抗するブロックをどんどん書き換えてみてください。

「お金がたくさんあれば豊かになれる」？

お金のブロックがある人の多くは「お金がたくさんあれば豊かになれる」と思っています。すべてにおいて、お金が先に来てそのあとに「豊かさが来る」「やりたいことができる」「楽になれる」……などと思い込んでいるところがあります。

そして「うまくいかない原因はお金がないから」とか、「やりたいことはまずはお金を貯めてから」とか、「今は苦しいけれど、いつかお金が豊かになったらたくさんの夢が叶う」などと、**お金のあとに自分の楽しみがあるかのような構図になっているのです。**

かつての私もまさにドンピシャで、そのブロックの中で生きていました。

この考えでいると、いつも手持ちのお金の状況と照らし合わせながらすべてのことを見比べているので、いつまでたってもお金を中心としたものの見方から離れられません。しかも、できないこと、うまくいっていないところに意識が向いてしまいます。

これでは、「不足感のパターン」に陥ってしまいます。

「お金がないから」「お金があれば」「お金が貯まったら」「いつか豊かになったら」……この考えを持っていると、**根本にお金に対する不足感を抱くことになります。**

不足感があると、それが映写機によって現実に映し出されるので、不足が現実化しやすくなります。ずっとお金を追い求めて、心身ともにへとへとになってしまいます。

1つ1つ書き換えていきましょう。

・お金がないから

「お金がない」と強く思ってしまうのは、**圧倒的に現実を見すぎて「ない」というところばかりに意識が向いています。**

特に銀行の預金残高に強く意識が向きがちです。毎回お金を使うたびに通帳の金額を思い出し、その金額が「減っていく」という気持ちが出てしまい、そしてまた「お金がない」というところに意識が向いてしまうのです。

あれもこれも……と支払いの金額を計算し、通帳の金額と、お給料日に入ってくる金額からまた計算し「減っていく」「お金がなくなる」という気持ちをいつも感じています。

特にローンがある方は、「マイナスだ」「ずっとお金がないことが続く」という意識が入りやすい傾向にあります。

・お金があれば

この考え方も不足感と直結しています。「お金があればできる」というのは「お金がないとできない」となり、やりたいことや欲しいものに対して我慢する気持ちが出てきます。

自分に制限をかけやすいブロックになるのです。お金がなくてもほとんどのことができるのに！

でも、「お金がないとできない」という観念が入っていると、その不足感で現実が回らなくなっています。お金がなくてもほとんどのことができる、現実を生きていけると書き換えていきましょう。

・お金が貯まったら

やりたいことや買いたいものに対して、「お金が貯まったら」と抑えてしまっているのも、じつはブロックになっています。これも、やりたいことに対しての制限になっているのです。

また、お金が貯まったらやりたいことができると思っていると、今度は「お金が貯まらない」という自分自身に対して、「私はお金が貯められないダメな人」などと自分自身を責めたりします。**なにより、「お金が貯まったら」のお金はなかなか貯まりません。**

現代社会を生きるうえで「お金がなければ」という気持ちはよくわかります。私自身がそうでしたから確かです。でも、お金というものは自分自身の意識を高めたり、解放させるための道具でもあるのです。

そして、お金は実際あります。1円でも、10円でも、あると思えば「ある」になりませんか？　このシステムをうまく活用して自分自身をどんどん解放して楽になり、新しい自分自身に挑戦していってほしいと思います。

・いつか豊かになったら

この言葉もよく口にしがちですよね。これも今に対しての不足感から来ています。「今は無理だけど、いつか豊かになったら」ということで、「今が豊かではない」という意識となり、お金に対しての不足感が出ているのです。

豊かさというものは、今ここに、すでに存在しています。

「いつかお金持ちになったら」という意識でいると、いつまでたってもお金持ちの現実や豊かさはやってきません。潜在意識を書き換えると、このあたりの周波数が書き換わり、不足感の周波数が出なくなってきます。

このパターンは「今うまくいっていない」という不足感から出るお金に対する意識なので、今現在のお金に対する意識を変えれば、未来はどんどん早く変わっていきます。

お金ありきのものの見方を少しずつ書き換えていくことによって、今の豊かさに気がつくことができます。今の豊かさを感じることができれば、お金も巡ってきます。

思い出してください。私たちはもともと豊かさそのものです。潜在意識を変えて大きな豊かさの感覚を取り戻すことができるのです。

お金に対する潜在意識の癖は？

お金に対しての潜在意識のタイプも4種類に分けられます（128ページ）。自分がどういうタイプのお金の癖を持っているか把握して、それに合った書き換えをすることによって一気にお金のブロックが外れる可能性があります。

それぞれのタイプに特徴的なお金のブロックと、書き換え方の例を挙げてみます。

〈修行僧、宗教者タイプ〉＝お金に対しての罪悪感が強いタイプ

- お金は悪いものだ↓**お金は良いものだ**
- 自分でお金をたくさん持って、人に甘えてはいけない↓**人に甘えてよい**
- お金を人からもらってはいけない↓**お金を人からもらっていい**
- お金は自分で稼ぐもの↓**自分で稼がなくてもいい**

・お金で人によくだまされたり、貢いだりしてしまう↓**お金の嫌な経験を忘れて、手放してよい**
・成功してはいけない↓**成功してよい**

〈正義感が強い戦士タイプ〉＝お金は回るが、あと一歩拡大しない

・お金を稼ぐのは得意なほう↓**さらに稼ぐのが得意になってよい**
・みんなにどうやって分配するかを考えなきゃ↓**いい分配方法を思いつく**
・困っている人を見ると、すぐ手を差し伸べたくなる↓**誰もが最善に導かれている**
・自分の命を何かに使いたい↓**自分の命を大事にしてよい**
・物事ははっきり伝えるべき↓**柔らかく伝えてよい**
・上司とぶつかることが多い↓**みんなと仲良くしてよい**
・度胸がありそうに見られるが、意外と気は小さい↓**無理をしなくてよい**

〈能天気、根あかタイプ〉＝お金の扱い方がよくわかっていない

・お金の使い方がわからない↓**お金の使い方がわかる**

・お金が貯まらない↓**お金が貯まる**

・お金はあるだけ使ってしまう↓**お金はなくならない**

・お金はなんとかなっているがいつもぎりぎり↓**お金はいつも豊かにある**

・そんなに欲もなくお金について考えていない↓**お金と良い関係**

・お金よりも他のことに興味がある↓**お金に興味を持ってよい**

・お金のことが面倒くさい↓**お金は楽しい**

〈植物、鉱物、妖精タイプ〉＝**お金を楽しいことに使えない**

・お金は貯まるが使えない↓**お金を使ってよい**

・蓄えがないと不安↓**いつも余裕がある**

・自分のためにあまり使えない↓**自分に使ってよい**

・親のお金の観念が強い↓**親と自分は別である**

・お金をたくさん稼ぐことに抵抗がある→**たくさん稼いでよい**
・地味にこつこつが好き→**たまには大胆に楽しんでよい**

来たインスピレーションや直感にどんどん従う

潜在意識を書き換えていくと、ブロックがゆるやかに落ち着いてきて、インスピレーションや直感に気づくようになります。

ブロックが強いと、頭の中がごちゃごちゃして思考が強くなるので、インスピレーションや直感に気づけないのです。

このインスピレーションや直感は、ハイヤーセルフ＝高次元の自分自身から来ているものであり、**「現実を望む方向に加速させるポイント」**なのです。

ハイヤーセルフとは、高次元の自分自身とご説明しました。高い視点から物事を見ているので、低い視点の私たちが考えてごちゃごちゃ動くよりもハイヤーセルフからのインスピレーションを使うほうがはるかに効率が良く、しかも簡単に目的が達成されて、思っていたよりもすごいところまでいけます。

ハイヤーセルフからの1つの直感やインスピレーションは、たった1つでも、私たちが人間として地球で行動している2000時間に匹敵するほどパワフルだそうです。

計算してみましょう。1日11時間頑張って働いたとして、1か月で約330時間、6か月でようやく約2000時間……半年間がつがつ働くのと、1つの直感やインスピレーションが同じなんです！

これを使っていくと本当に人生がどんどん変わっていきます。うまくいっている人はこれを知っています。

お金に対しても潜在意識を書き換えて、直感やインスピレーションを使っていくと、どんどん現実が変わり、お金の豊かさも回るようになっていきます。

ハイヤーセルフと顕在意識にはそれぞれの役割がありましたね。私たちは今とこれから、このハイヤーセルフの力を使って生きるのです。

今までは何かやりたいと思ったら、自分でその目標を叶える方法を考えてきたと思います。でも、これからは、直感やインスピレーションを使ってハイヤーセルフが降ろしてくるものを私たちが行動に移せばいい。それが最も効率がいいのです。

お金のブロックや行動のブロックが強いと、行動することが怖かったり、過去の失敗したトラウマがわき出てきたりして、動きづらくなってしまいます。お金や思考のブロックを書き換えることでどんどん動けるようになり、それが次の発展につながります。

要するに、いろいろ考えないほうがうまくいきます。考えずに動ける状態は、インスピレーションや直感を信じられるようになった証拠です。

皆さんも、小さいころから「よく考えなさい」と言われてきたかもしれませんね。でも、それは正しいようで正しくないのです。

私もブロックが外れて直感で動けるようになってから、本当に現実の変化が加速しました。

こんなふうに自分のお金がうまく回ってくると、自分の周りもうまく回るようになります。

私の周りもほとんどの人がお金のブロックがあったようですが、みんな自然な形で外れていっています。本人は潜在意識の書き換えやブロック解除をしているわけではありませんが、私の潜在意識の書き換えが影響したようです。

やはり、自分と周りの人の魂はつながっていて、こんな影響が出るんですね。

周りの人のためにも、まずは自分が楽になっていきましょう。

お金は回すもの

改めて、お金って何だと思いますか？

紙幣？　コイン？　残高の数字？

じつは、お金はエネルギーなんです。


エネルギーという言葉、本書で何度か出てきましたね。

潜在意識＝ハイヤーセルフ＝「源（ソースエネルギー）」「高次元の波動エネルギー」。私は「エネルギー体」である……。

お金もエネルギーとしてとらえていきましょう。

エネルギーの法則を説明しましょう。エネルギーは循環するのでお金を動かすこと、回すことによって流れが出ます。これが起きると現実に変化が起きます。

ですから、**意識的にお金（エネルギー）を動かすようにすると、現実の変化が早くなります。そして、その循環が自分のところに戻ってくるようになります。**しかも、どんどんダイナミックになって。

お金を動かすというのは、使うということです。貯めて、貯め続けて一か所に集めるのではなく、水のように流動的なものとして扱うということです。

そうやってお金も動かしてあげたほうがエ

ネルギーが循環され、フレッシュで、良い状態で戻ってきます。実験的にそんな意識で使ってみると、その感覚がわかると思います。

反対に、お金を動かさないと沼のようにドヨンと滞った重いエネルギーになります。

お金を積極的に使っていくようにしましょう。特に、自分の喜びにどんどん使ってあげるのです。そして、人の喜びにも使っていく。この順番がポイントです。

ここでまた、「ずっと教えられたことと違う」と思ったかもしれません。

「節約しなさい」「倹約しなさい」「将来に備えて貯めなさい」と……そのブロック、外してみませんか？

一気に大金でなくても、少しでいいので「必要じゃないけど自分自身を喜ばせるため」に使ってみてください。恐怖心や罪悪感が出てきたら、そこを書き換えてみてください。

そうやってお金を意識的に使っていくと、それ以上のものがどんどん入ってくるようになります。

コツは、「お金を使ったあとに後悔しない」ということです。私も「やっぱり無駄だった」と後悔したり、お金を取り戻そうと必死になったり、払ったぶんの元を取ろうと躍起になったことがありますが、それが執着になってかえって物事が動かなくなってしまいました。

だから、それに気づいたときにも、軽い意識になるように潜在意識を書き換えました。大丈夫です。意識的に使ったお金は、何かの形で必ず返ってきます。

いま現在、私自身も会社を運営していますが、お金をどんどん動かすようにしています。私一人だけが大きなエネルギーを持ちすぎていると滞ってきますし、バランスを崩して重たいので、なるべく自分が身軽にいられるような体制をいつも心がけています。

まずは小さくても動かし始めること。そうすると、お金も仕事も現実も徐々に軌道に乗ってきます。車輪はだんだん大きく回り、その渦はどこまでも無限大に拡大し、止まらなくなります。すごいですよね。ワクワクしますよね。

これが私たちのもともとの豊かさであり、大きな力なんです。

お金に対しては特にブロックが入っている人が多いので、「少しずつ変化していくその過程やプロセスを見てみよう」なんて、楽しみながら書き換えていってくださいね。

お金をいただいて気持ちのスイッチを入れる

私たちは誰かに雇われずに、自分で直接「お金を稼ぐこと」「お金をもらうこと」に慣れていません。

そもそもお金のことなど深く考えないで学校を卒業して社会人になり、企業で雇われて働いて……という方がほとんどでしょう。

私も「起業して自分でお金を稼ぐとか生み出すなんて無理」「そんなの才能のある人だけ」と思っていました。個人事業主や自営業、起業家などが周りに少なかったのと、いたとしてもなんだか大変そうで、「そんな苦労をするなら会社員の安定をとる」としか考えられませんでした。

でも会社員のお給料には限界があります。お金が必要だったので、副業を始めてみたところ、大きな気づきがありました。

「お金が欲しい」と思って始めたはずなのに、なんと「お金をもらうこと」に抵抗があったのです。

「こんな私にお金を払ってもらうなんて申し訳ない」そんな気持ちが出てきました。これこそが私がお金を稼げないブロックだったのです。

その外し方は結局、お金をいただくことに慣れていくしかありません。潜在意識を書き換えながら、お金をいただくようにしました。

最初のうちはやはり抵抗感が出てきますが、ブロックを徐々に徐々に外していきました。

小さな金額でも人様からお金を出してもらって自分自身が受け取ると、気持ちがシャキッとして真剣さが増します。心構えがまるで違います。

責任感が出て、その気持ちのおかげで素晴らしいパフォーマンスが生まれます。その達成感や喜びによって自信がつき、またお金を稼ぐことやもらうことの抵抗が外れていきます。

インターネットやスマホの普及により、個々人がいろんな形でお金を稼いだり、サービスを提供できるようになっています。この先、もっと1人1人が小さな個人事業主としてサービスを提供して受け取り合う、そんな時代になっていくと思います。

まずは、こういった新しい稼ぎ方があること、そして自分のサービスを提供し始めている人がたくさんいること、なによりも自分もできるということを知ってください。会社で副業が禁じられている人は、不用品を売るところから始めてみてもいいと思います。

やってみると案外簡単なので、潜在意識を書き換えるまでもなく、「お金を稼ぐこと」「お金をもらうこと」に対するブロックがどんどん外れていくかもしれませんよ。

私自身、こうした実践のおかげでみるみる自信をつけて、お金のブロックも外れていきました。今ではちゃんと稼げています。

その第一歩は「お金を払ってもらうなんて申し訳ない」という潜在意識を書き換えたこと。そして、ちょっとずつ、ちょっとずつ慣れていった結果として今があります。

私もお金が大好き。お金も私のことが大好き♡

お金に対して皆さんはどんな気持ちを抱いていますか？　お金のこと、好きですか？

私自身は今、お金に対してとてもニュートラルです。


相思相愛のいいパートナーになってくれていて、いい距離感、いい関係で、お金のことが大好きです。ちょうど今、夫に対して思っている意識とほとんど同じです。

これは冗談ではなく、自分の気持ちと相手の気持ちは同じです。私が夫を思う気持ちと夫が私を思ってくれる気持ちは同じ。親友を大切に思う気持ちと、親友があなたを大切に思う気持ちは同じです。**皆さんのお金に対する気持ちと、お金が皆さんに対して思っている気持ちも同じなんです。**

そして、私たちが生きている三次元の世界は、お金のおかげでグランディングできているという面もあります。グランディングとは、自分と地球をしっかり結びつける、文字どおり「地に足を付ける」ことでしたね（159ページ）。それもあって、お金は感謝の対象でもあります。

今の私はこんなふうにお金を好きになれましたが、ほんの少し前まで私はお金をどう扱えばいいのかよくわかっていませんでした。

子どものころは、あればあるだけ使いきっちゃうし、なくなったら親にもらいに行き、それでも足りなくてよく困りました。

社会人になって仕事をするようになったら使えるお金が増えたので、それを使って旅に出たり、おいしいものを食べたり、いろいろお金のおかげで体験できました。お金といい関係が結べたと思っています。

ところが、結婚してからお金がうまく回らなくなり、お金は私にとって面白くない存在になってしまいました。うまくいかないことはすべてお金のせいで、お金のしがらみにどっぷりはまり、お金があれば……お金がないから……と何事もお金のせいにしてばかりでした（お金に限らず、なんでも誰かのせいにするパターンが私の中にあったのも確かです）。

お金はいつも同じだったのに。同じエネルギーだったのに。それなのに、私はその時期、その時期によってお金に対しての意識が違っていて、その気持ちをお金に押し付けていたのです。

潜在意識を書き換えてから、お金はとてもニュートラルなものになりました。

私の状態がどうあろうとお金のせいにすることもなく、お金のおかげで一喜一憂することもなくなりました。

やっと、お金というエネルギーの扱い方がわかってきたのです。

すると、どんどんお金に対して感謝が生まれ、お金を好きになって、そうしたらお金も私のことを好きになってくれて、いい関係になっています。

お金の豊かさはいつもある。永遠にある。そんな状態に誰もがなっていけるのです。自分の意識次第で。

いつも豊かにお金がある

「お金の豊かさはいつもある」と書きました。実際に私たちはいつも豊さに囲まれています。

でも、そんなふうに言われても、現実として「全然豊かじゃないよ」と思う方も多いと思います。私たちは長らく、「豊かさ＝お金の豊かさ」というのが常識になっていたので、「お金がない自分自身は豊かではない」と思い込んでしまっています。

私もお金がないときはギスギスしていて、豊かさを感じたくても苦しすぎて、無理でした。身近な豊かさ、お金の豊かさは、私からすごく、すごーく遠いものだと思い込んでいました。

お金を基準とした豊かさに、まんまとはまり込んでいたわけです。

でも、経済的には豊かじゃないけれど気持ちは豊か、という方もいらっしゃいます。お金がなくても豊かなのです。日常の中にあふれんばかりの豊かさはすでに存在しているのです。

その豊かさに気がついていくこと、その豊かさに触れていくことがお金の豊かさに直結していきます。

そもそも豊かさとはなんなのか。それは**「あるものすべて」**です。

今まで私たちは「ない」というところに強く意識を向けて不足感を感じてきました。

「お金がない」「恋人がいない」「仕事ができない」「容姿が良くない」……というように。

人は、どうしてもそこに強く意識が向くようになっているのです。

でも、「あるもの」や「いいところ」に意識を向けていくと、すでにあふれんばかりの「あるもの」に気がつくと思います。

「自分がいる」「スマホがある」「机がある」「椅子がある」「パソコンがある」「今のこの時間がある」……など。疑いなく、そこにありますよね？　そうやって、「あるところ」にどんどん意識を向けてみてください。

「ない」に意識を向けると、すごく苦しくて嫌な気持ちになってしまいます。

ところが、**同じ状況でも、「ある」に意識を向けていくと、面白いようにどんどん満たされていきます。**力がわいてくるのがわかると思います。

だからこそ、まずはこの「ある」に意識を向けて、あなたの日常はすでに「あるもの」であふれていると気がついて、その豊かさを感じてみてください。

私はこれを毎日やっています。私たちが探し求めている豊かさとは、もう、今ここにあるのです。


そして、この意識に慣れてきたら、今、現実にお金がたくさんある豊かさを感じてみてください。

「お金がない」と思ってしまう方。「お金がある」そこに意識を向けると、「お金がある」ことになりませんか？　あなたが望む金額や、これだけあれば安心だと感じる金額と、今「ある」と認めたお金は、まったくもって同じ豊かさなのです。

そして、今あるお金の豊かさ、その波動を感じていると、どんどん現実が楽しく、豊かさそのものになってきます。すると、お金の豊かさも自然に現実になっていきます。

だからまず、豊かさに気がつくこと、あるものに意識を向けること。

それでも抵抗が出てくる方は、「豊かさを受け取っていい」「豊かさはいつもここにある」「お金の豊かさを受け取っていい」などの書き換えをすると効果的です。

行動していればお金が向こうから寄ってくる

潜在意識を書き換えるとお金が回るようになって、お金の動きがよくなります。そして、それを加速するのに「行動」もプラスしていくとさらに動きは速くなり、現実が面白いように動いていきます。

お金と行動というのは三次元的なものですから、ハイヤーセルフの力と大きくリンクさせると、いっそう相乗効果が出やすくなるのです。

「行動？　もちろん、してるけど？」という方は、お金のことを忘れるほど没頭する、夢中になる、そんな行動をしてみてください。

私の失敗からお伝えしますが、**よくないのは、行動をして見返りを求めてしまうことです。**行動した結果がどういうふうになるかは想定外のところから来るので、今ここで結果を期待していると、潜在意識がうまく働かなくなります。

そんな見返りへの期待を抜きにしても、好きなこと、やりたいことに没頭する。これがポイントです。

私自身、今も楽しいことや面白いことを学んだり、夢中になって行動したりしています。今この瞬間、この文章を書いていているのもすごくワクワクしていて没頭しています。すごく集中して書いているので、ベストセラーになるとか皆さんの評価とか、どうなるかわからないけど、とにかく楽しい行動です。

こんな感じがとても楽ですし、楽しいし、結果的にお金も回るようになるんです。

お金のことばかり考えるのではなく、できることややりたいことに一生懸命、夢中になっているとあとからお金はついてくる、ととらえていただくといいんじゃないかと思います。

また、お金に関しては、実際に稼いでいる人や自分が理想とする人に会ったり、豊かさに触れたりするなどの行動もしていくといいと思います。そうすると、自分のお金のブロックが外れます。

「自分なんかがいきなり連絡しても……」と躊躇する気持ちがわいてしまうかもしれませんが、そこもブロックを外して勇気を出してみてください。成功している人は本当に軽やかな周波数を出しているので、きっと歓迎してくれます。そして、その人に触れるうちに自然に自分自身の周波数も同じように軽やかになっていきます。

行動について、もう一つ、お伝えしておきます。私自身も「行動、また行動」という人間でした。

ですが、ハイヤーセルフの力を借りるためには、お金のために「無理に行動！」というのは合いません。無駄に、やみくもに動くというよりも、ゆったりペースでピンときたものに対してのみ行動を起こすのです。やりたいことをやるのです。楽しく、楽に。

仕事の場合でも、楽しいやり方を見つけながら、直感インスピレーションを使って行動しましょう。

ゆったりペースなので行動量は半分以下になるかもしれません。でも、直感インスピレーションを受け取りながらですので、ぐっとパフォーマンスはよくなります。

ゆったりペースで行動すると、自分の周波数は穏やかになります。

すべては周波数なので、自分自身の周波数が穏やかでいればその周波数に共振した人が集まってきます。

第5章

宇宙の真理はリラックス

宇宙の真理は「単純・明快・矛盾がない」!

私は宇宙の真理が大好きです。

なぜかというと、**「単純・明快・矛盾がない」**から。

余計なことがそぎ落とされているので、シンプルで強烈で、すぐに効果を感じられます。

つまり、簡単で、手っ取り早いところが好きなのです。

この章では、私の考え方のベースになっていて、大切にしている宇宙の真理とその法則について詳しく書いていきます。

前にも書きましたが、潜在意識を使い始めると、大きく人生が好転していくのにプラスして、スピリチュアルな能力がかなり開花してきます。

何度も繰り返し潜在意識にアクセスしていくと、いつでも潜在意識にアクセスできるようになるんです。潜在意識が開いている状態です。

私の経験からも言えますが、スピリチュアル初心者の方は潜在意識から入っていくと目に見えない世界にとても入りやすいと思います。

効果も感じやすく、そこからさらに日常的に潜在意識を使っていると、いつの間にかスピリチュアルの初級から中級ぐらいまで能力が上がっていることに驚くと思います。なんと嬉しいことではないですか！

私はスピリチュアルな能力はゼロでした。目に見えないことを信じてもいませんでした。

でも、潜在意識を書き換えるブロック解除に出会って、とにかく生きづらいのをなんとかしたくて自分のために解除し続け、人に対するセッションも行うようになりました。

夢中でやっていたら、1年ぐらいしたときにセッションのお客さんに「akikoさんのブロック解除は霊視になっている」と言われました。そこで初めて「霊視ってなに？」とネットで検索しました。それほどスピリチュアルの世界について知らなかったし、まさか自分に能力があるとは夢にも思っていませんでした。

そうやって2年ぐらい潜在意識のブロック解除をしていき、あるきっかけで宇宙からのメッセージを受け取るチャネリングを習うことになりました。

そのときに「あれ？　なんて簡単なんだろう」と気が抜けてしまいました。「こんな簡単なことがチャネリングというものなら、誰にでもスピリチュアル能力があって、みんなできるんじゃない？」と思ったのです。

私はすでに2年もの間、潜在意識を書き換えて、自分の感覚を信じることをしていたのですから、スピリチュアル能力が開いていたのですね。

目に見えない世界や感覚を信じれば信じるほど、アクセスすればするほど、どんどんスピリチュアルな能力は必ず上がっていきます。

「潜在意識＝ハイヤーセルフ」です。

いつもハイヤーセルフにアクセスしてつながりを太くしていると、もともとの自分自身の高い周波数に触れて、本来の自分に戻っていきます。すると、自然に持っていた能力が出てきちゃう、ということなんだと思います。

五感が研ぎ澄まされて、第六感以上の感覚がどんどん開いてくるのです。

どうやって目に見えないことを感じ取っているか

感覚は感じれば感じるほど、強く繊細に感じられるようになります。潜在意識は使えば使うほど、開いてきます。そして、そうなればなるほど楽しくなってきます。

さらに、第六感以上の感性を使っていくと、さらに能力が引き出されていきます。

古来、人間は第六感、第七感、第八感まで使いこなしていたと言われています。私たちも感覚をどんどん肯定していけば、もともと持っている能力やハイヤーセルフとつながる感覚がスルスルと出てきます。

ここで、私たちに備わっている第五感～第八感について解説しておきます。

第五感

人や動物が外界を感知するための多種類の感覚機能のうち、昔ながらの分類による5種類。すなわち、視覚、聴覚、触覚、味覚、嗅覚です。この基本的な分類を前提として、人の感覚全体を指すために「五感」という表現が用いられる場合もあります。

第六感

五感以外のもので、五感を超えるものを指しています。身体に備わった感覚器官を超えてものを直感する感覚で、鋭く物事の本質をつかむ心の働きのこと。勘、直感、霊感、予知能力、インスピレーション、虫のしらせ、など。

第七感

新たなアイデアを生み出す脳のメカニズム。これまで誰も思いつかなかったような突然のひらめきや、新しく便利なアイデアを生み出すのは第七感が大きな力を発揮しています。実際に、社会に星の数ほどある新しいアイデアは第七感の恩恵によって進化してきました。

第八感

心に思ったことの物質化、具現化の現象を起こします。私たちはみな、大いなるすべてから生まれてきたエネルギー体であり光の存在です。その宇宙の根源である大いなるすべてを認識する能力が第八感です。

自分の感覚とはハイヤーセルフそのものであり、高次元の自分自身と直接つながること、そして、身の回りのすべて、形あるものは自分が心に思ったことの物質化・具現化だということは本書でも何度か触れました。

潜在意識を使うほど、この感覚は鋭くなります。いろんな段階がありますが、誰でも感覚は開きますので、安心してマイペースに進んでみてください。

ただ、あえて言えば、感じるためのコツ、つながるためのコツというのも確かにあります。

そのコツは２つ。私自身が初期のころに教えてもらい、とにかく理屈は抜きに信じて実践したらものすごくうまくいってしまった、という実証済みのものです。

１つ目は**「力を抜く」「ゆるむこと」**です。

「そんなこと？」と拍子抜けするかもしれませんが、まさにこれがコツなんです。

力の抜けた、半分寝ぼけたような、いい加減な感じ。一生懸命やるのではなく、この気楽さが大事です。

2つ目は「**感じていることを否定しない**」ということです。

少しでも感じたり、1ミリでも兆候があると思ったら、そのまま1000%信じきること。そして、感じているところをさらによく感じてみると、そこからいろんな情報が読み取れるようになってきます。

信じる気持ちが強いと能力が上がります。逆に、疑いの気持ちがあると能力が下がるのです。

まずは1ミリの兆しとして現れる感覚を頼りに進んでいけば、魂に刻まれた感覚がガイドになって、どんどん進むことができるようになります。

スピリチュアルのコツは「特別なことじゃない！」

繰り返しますが、スピリチュアル能力は誰にでもあります。ない人はいません。絶対にいないのです。

だって、感じることそのものがスピリチュアル能力なのだから。感じられない人、いないですよね。その感じる能力を高めていけば、潜在的に持っていたスピリチュアル能力がますます出てくるんです。

では、なぜスピリチュアル能力がある人とない人がいるように思うのか。

１つは感じる力を閉じているということです。地球という星は今までとても理不尽で、感受性が強すぎるととても生きづらく、苦しくなるようなところがありました。例えば、どう見ても間違えていることを「間違えてる」とはっきり言うと怒られたり。

また、感覚が開いていると相手の思ってい

ることがわかったり、先の情報なども見えてしまったりするので、不思議がられます。また、前述したように危険を感じて、「小さいときには不思議な能力があったけど、あえて閉じた」という話もあります。その後、感じないように感覚を閉じて生きてきた方は、大人になるとまったく何も感じられないようになっています。

これから少しずつ感じることを許可していきましょう。感じる感覚そのものに意識を向けるようにすることで、閉じていた感覚が開いてきます。

もう1つは、「スピリチュアル能力は特別だ」と思わされていた、ということです。「霊能者やチャネリングする人、目に見えない存在をとらえる人は、特別な能力がある人だ」「すごい訓練をしなくてはいけない」と。そういう人と自分は別で「自分にはそんなことができない」と思い込んでいるのです。特別な能力として勝手に上と下を作ってしまうと、自分の能力に気づくことができません。

私自身はまさにこれでした。まさか、まさか、自分に能力があるなんて考えたこともなかったために、目に見えないことをとらえるチャンスがずっとなく、目に見えることだけが真実だと完全に思い込んできたのです。

こんな私でもスピリチュアルな能力が徐々に徐々に出てきたので、「スピリチュアル能力は誰にでもある」と、本当に身をもって断言できます。

スピリチュアル能力や感じることは日常であり、自然なことです。

少しずつその感覚をご自身で開いていってくださいね。

宇宙と共鳴する高い周波数を出す方法

宇宙の真理の法則がわかって一番安心したことは、宇宙は一定方向のいい流れで進んでいて、私たちもこの流れと無意識で同調しているということです。止まっているように見えても、どんなときもいい流れは続いています。

人生を思いどおりにしたければ、この流れと同じ高い周波数でいればいいのです。そうすると自ずとシンクロニシティが増えて、うまくいくようになります。

これが、いわゆる「波に乗る」という状態です。

波に乗るために、宇宙と共鳴する高い周波数を出す――。つまり、それがリラックスです。ほっとする、好きなことをする、無になること。宇宙の流れと同調している感覚を地球の言葉にすると、このリラックスや安心にいきつきます。

逆に、低い周波数を出していると、うまくいくものもうまくいかなくなってしまいます。人は周波数を変えることができます。低い周波数の潜在意識を書き換えて抵抗するブロックを手放すことにより、高い周波数帯にいつもいられるようになります。

高い周波数、低い周波数について、ここで詳しく説明します。

宇宙の集合意識、エイブラハム（高次元の存在であり、無数の叡智の集合体の総称のことです）が示した感情の22段階というものがあります。

1〜7までの意識は高い周波数で、ポジティブな意識です。この高い周波数帯は宇宙の大きな流れなので、楽で、楽しくいられて、シンクロやミラクルが起き、願望もどんどん叶っていきます。

8〜22は低い周波数と言えます。特に21、22の不安や恐怖などは私たちの潜在意識に入っている大きなブロックになっています。

エイブラハム　感情の22段階

ポジティブ

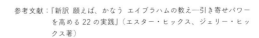

ネガティブ

1．喜び／智／あふれる活力／自由／愛／感謝
2．情熱
3．興奮／没頭／幸福感
4．ポジティブな期待／信念
5．楽観
6．希望
7．満足

8．退屈
9．悲観
10．フラストレーション／イライラ／わがまま
11．圧迫感
12．落胆
13．疑念
14．心配
15．自責
16．挫折感
17．怒り
18．復讐心
19．憎しみ／激怒
20．嫉妬
21．不安（身の危険）／罪の意識／無価値
22．恐怖／悲嘆／憂鬱／絶望／無能

参考文献：『新訳 願えば、かなう エイブラハムの教え―引き寄せパワーを高める22の実践』（エスター・ヒックス、ジェリー・ヒックス著）

前にも書きましたが、**人の周波数を決めているのは感情や感覚です**。そもそも、感情の**もとになるのは思考です。頭の中の観念思考が直接感情になり、周波数を決めています**。

観念思考がブロックにまみれて苦しいと、感情も8〜22のように苦しくなって低い周波数を出します。そのせいで現実がうまくいかない状態を、かつての私はずっと繰り返してしまいました。

逆にブロックのない自由な意識なら、感情も楽しく自由を感じるので、自然に1〜7までのような高い周波数を出すようになります。

ですから、思考のブロックなどをコントロールしていけば周波数は安定し、高い周波数を維持することができるのです。

潜在意識の書き換えがなぜ重要なのか、このことからもわかりますね。潜在意識を書き換えれば、思考のブロックをニュートラルにして、低い周波数から高い周波数に変えることができるのです。

周波数が整ってくると、現実は本当にスムーズによくなっていきます。しかも、それがずっと続くのです。すごいですよね。

おかげで私は、宇宙は一定方向のいい流れに流れているということを、今もずっと痛感しています。

不要なものを手放す、浄化する

常に高い周波数を維持し続けることが理想ですが、生活していると周波数はどうしても乱れます。

乱れた周波数を再び良い状態に上げるために、潜在意識を書き換える、リラックスする、高次元の存在を呼んだりする方法（１５６〜１５８ページ）をご紹介しました。そして日々、不要なものを手放したり、浄化したりすることも有効です。

ここに私が実践している方法をまとめておきます。


不要なものを手放したいとき、癒やしたいとき、許したいとき

【行動】気持ちが落ち着く時間をとる。1人になる。意識的に波動を整える
【ワーク】潜在意識を書き換える。頭の中を激甘にする、インナーチャイルドを解放する
（136～138ページ）
【アイテム】天然石や隕石を身に着ける。カンナビジオール（麻由来の抽出物。CBD）を摂ったり麻の洋服を着る

強く浄化したいとき、クリアーにしたいとき、ニュートラルにしたいとき、リセットしたいとき

【行動】お風呂に入る。寝る。ぼーっとする。気分転換に外に出る
【ワーク】高次元の存在を呼んで浄化してもらい、エーテルコードを切るようお願いする
（156～158ページ）
【アイテム】フラワーエッセンスを摂る

無になって「今」にいる

リラックス、安心、ほっとする、好きなことをする……。この状態のとき、私たちは「無」の状態ですが、それは「今」にいるということです。

当たり前のことを言っているようですが、これがなかなか難しいのです。私たちの意識はつい過去や未来に向かってしまい、それで嫌な気持ちになっています。

思い返してみてください。嫌な気持ちになっているときはたいてい過去のトラウマや未来への不安を考えていませんか？

過去や未来を考えずに、無になって、今にいれば、宇宙の一定の周波数に乗っていい方向に流れていくんですよ。

でも、リラックスや安心ばかりしていないで、「危機管理しなきゃ」「現実を見ないと」と思う気持ちも出てきますよね。

覚えていますか？　それは顕在意識が私たちを守ろうと頑張って働いてくれているのです。そんなふうに、私たちの根底に不安や恐怖心が根付いていることに気がつくだけでも、ずいぶん気持ちが違ってくると思います。

大丈夫です。**リラックスして安心していても一定方向のいい流れは止まることはありません。**逆に、無理をしようとしたり、不安になったり、抵抗しようとする思考や考え方、行動そのものがうまくいかない原因になります。

焦っても焦らなくても結果は同じです。だったら今にいて、無でいられるように意識して、リラックスしていましょう。そうやって宇宙の流れに同調していれば、何をやってもいい方向に不思議と流れ出します。これが宇宙の法則のベースなんです。

私自身、現実をよくしたくてあれこれもがいた末に、肌感覚で「これでいいんだ」と納得しました。

でも、慣れないうちは難しく感じるかもしれませんので、ご紹介したワークを集中的に行って周波数を整える練習をしてみましょう。

スポーツや楽器の練習と同じです。訓練を怠ると、できない状態に戻ってしまいます。

不安になったり、焦ったり……。そのたびに、また練習すれば大丈夫です。

安心の練習、リラックスの練習、ほっとする練習だと思って楽しくやってみてください。

未来に期待するのは、今に満足していないから

今と未来の関係について、もう少し考えてみましょう。

未来に夢や希望を託して一生懸命に生きてきた私たち。

たとえ今がよくなくても「未来に希望があるから大丈夫」「未来は絶対によくなっていく」「よくなっていくはず」と思ってきたかもしれませんね。逆に、先のことを考えて心配したり……。

私は宇宙の真理がわかってきて、この未来へのとらえ方も、じつは周波数を下げている原因であり、気分が悪くなったり、イライラしたり、うまくいかないことの要因だと気がつきました。

引き寄せの法則では、今出している気持ちが未来になっていきます。

「今はよくないけど未来はよくなっていく」と期待する気持ちを「今」持っていると、未来にも、やはり「未来を期待しなければならない」といった現実しか来ないのです。

「未来に期待する気持ち＝今に満足していない」という不足感を持っていることになります。未来に期待してばかりだと、ずっと不足感を感じる現実を繰り返す、という悪循環に陥りかねません。

私自身もまんまとこの罠にはまってしまいました（笑）。

10年以上、ずっと未来ばかり見ていたために、現実の日常で体験するものはいつも不足感を感じるようなことばかり……。

もちろん引き寄せもうまくいかないし、現実は全然変わりません。そんな今の現実を見るのがつらすぎて、ますます未来のことを考えたり、未来に期待してしまいました。

期待しても、期待しても、何も起こらないつらさを私はずっと感じていたのです。

変わるきっかけになったのは、まさに「今」に満足するようになったからです。

潜在意識を書き換えて、周波数を整えて、無駄に未来や過去に意識を向けることが少なくなり、今の何気ないことを楽しむようになりました。

それが願望を叶えるために大事だとエイブラハムの本（『実践引き寄せの法則』、エスター・ヒックス、ジェリー・ヒックス著、ＳＢクリエイティブ出版）にあったので、意味のないことだと思っても、とにかく自分が今やりたいことをやり、自分の心の声に耳を傾けるようにして、それをこつこつと続けていきました。

そしたら未来のことをあまり考えなくなって、すごく楽になりました。「今に満足する」ってこれだったんだ、とやっと納得できました。

そして、起こること、起こること、なんだかいいことばかりになったのです。

この状態になってから、時々「こんなこと体験したいな！」と宇宙に願望を出すと効果テキメンです。未来を思い悩む代わりに、どうしたいか、何を体験したいかを、宇宙に投げればいいんです。

大事なのは願望を出す前に、叶ったような気持ちを感じることです。気持ちを感じてから、また目の前の楽しいことに夢中になったり、周波数を整えたりしていくと、フッとしたときに願望どおりのことが起きてきます。

私たちが認識している未来とは、今の延長線上にあるのではなく、今の波動が未来になっていきます。未来とは今の自分が決めています。だから、今の状態さえ整えれば、どんなことでも体験できます。

大切なのは「今」なんです。この世には「今」しかありません。過去や未来を考えて周波数を下げるパターンをやめて、今に意識を向けるようにしてみてください。


今、やりたいことはなんですか？

今、自分の心の声はなんと言っていますか？


過去や未来の呪縛から抜けるきっかけになったら嬉しいです。

選択できるものはすべて存在している

「この世には今しかない」と書きましたが、これについて補足します。

宇宙には時間が存在しないので、すべては今、同時に起こっています。**私たちが認識している過去・現在・未来は「今」に同時に存在している**ということです。

前に過去があって、今があって、その後ろに未来がくる、というのは地球だけの勝手な観念なのです。それを真実だと思い続ける限り、ボタンの掛け違いのように苦しみは続きます。

過去・現在・未来は存在しません。

正確には、宇宙では過去・現在・未来すべてが横一直線にずら――っと存在しているんです。

これが**パラレルワールド**と言われるものです。

さらに面白いことに、私たちが過去・現在・未来と思っていることの他に、考えられるすべての世界があるのです。

例えば、好きな人と結ばれなかったという過去があるとします。でもじつは、結ばれていたバージョンも存在します。結ばれそうになったり離れたりしてうだうだし続けてるバージョンも存在します。可能性としてではなく、現に存在しているんです。

自分の選択できるものがすでにこのパラレルワールドの中に存在していて、私たちはそこから選んで体験しているのです。

好きなことを選んでいいのです。今も未来も、あなたの好きなようにしていいのです。

「あなたの好きなことを選んで体験して！」というのが宇宙の愛そのものです。すでに用意されているのです。

いくらでも現実は変えられますし、作り出すことができます。今からいくらでも人生はあなたの思いどおりになります。人生とはこんなにも自由だったんです。

過去に何があったか、どんな経験をしてきたかなどはまったく関係ないし、関連してもいません。

過去や未来が今とすべて縦一直線につながっていると思う観念にとらわれることなく、自分がこのパラレルワールドの無数の並行現実の中でどれを選ぶのか。それ次第です。

魂は生き続ける

私の人生には死というものが身近にあり、大切な親友や兄の死などを真近で見てきました。

潜在意識の書き換えで唯一、願いが届けられなかったのが親友や兄との別れです。ほとんどのことは書き換えによって楽になり、変化していくことを体験しているのですが、これればかりはどうすることもできませんでした。

15年以上、一緒に過ごしてきた親友が病気で亡くなったのは、潜在意識の書き換えに出会ってから間もなくのことでした。

数年間、闘病生活を続けていた彼女のために私にできることを必死に探して、彼女の死への恐怖を和らげ、病気の進行を遅らせることができないかと、潜在意識の書き換えをし続けました。何度も、何度も、彼女の潜在意識の書き換えもしましたが、彼女は亡くなってしまいました。

潜在意識を書き換えることで軽い病気が改善していく事例はたくさん見ていますが、彼女の死に対しては、無力でした。

人の死は本当に苦しくつらいものです。そこから立ち直れない方、ずっと引きずっていらっしゃる方も多いことでしょう。私自身、潜在意識の書き換えに限界を感じたことを認めます。

でも、これだけはお伝えしたいと思います。そんなときでも潜在意識を書き換え続けたおかげで、生死に対して執着している意識がニュートラルになり、先に進めるようになりました。

それは私だけではありません。

旦那さんが亡くなって、ずっとその寂しさを感じて、何もやる気が出ずに、半年間うつ病のように過ごしていた方がセッションに来られました。

その方のエネルギーを見たところ、過去の周波数にどっぷり入り込んでしまい、今を放棄しているような、今を見る勇気が出ないような、そんな状態から抜け出せないようでした。

私がチャネリングで旦那さんとつながったところ、旦那さんは「自分はもう楽しくやっているから人生を楽しんでほしい、と伝えてくれないか？」と言ってきました。

それを伝えると、その方はほっとしたようで、がらりとエネルギーが変わりました。その段階で「過去と今を切り離していい」「自分の人生を楽しんでいい」と書き換えをしました。

後日ものすごく変化された様子を知らせてくださいました。

潜在意識の書き換えは人との別れによって傷ついた気持ちも変えて、前に進む力を与えてくれるんだな、と実感しました。

時を経て、私もだんだんわかってきたのですが、私たちは魂の存在であり、魂は死にません。魂は永遠なのです。

魂とは肉体とは別に精神的実体として存在するとされています。体とは別にそれだけで1つの実体を持つとされる非物質的な存在で、肉体から離れた死後も存続することが可能と考えられています。

人が生きている間、魂はこの体の内側にあって、生命や精神の原動力となっています。そうやって魂は何度も、何度も、いろんな存在になり、体験して、生まれて死ぬということを何百、何千と繰り返し続けています。

つまり、魂とは、個人の肉体や精神をつかさどる人格的な存在であると同時に、感覚による認識を超えた永遠の存在なのです。

ですから、死＝終わりではありません。肉体はなくなっても、魂は違う次元に行くだけ

で生きています。亡くなった人は過去ではなく、今に存在しています。

地球では人が亡くなるとすべてが無になるような感じで、死をものすごく怖がったり、死を受け入れられなかったりします。

私自身も悲しみましたし、泣きましたが、いつまでも悲しむということはありませんでした。なぜなら、みんな亡くなったあとでも生きていて、たまにチャネリングでつながったり、ふいに向こうからつながってきたりすることもあるとわかったからです。

また、生も死も超えて魂の存在として認識することによって、生きているうちから死に対してニュートラルにとらえられるようになり、無意味に不安になることもなくなりました。

宇宙的な観点で生と死をとらえると、あらゆることが１つの通過点に過ぎないことがわかるようになります。それは、魂の成長の過程と一致していきます。

そして、潜在意識を書き換えていくと、自分の魂の感覚がなんとなくわかってきます。魂が何を望んでいるか、魂の方向性はどこを示しているかなど、感じることができるのです。

魂は永遠であり、私たちは永遠の存在である。ぜひ、それを感じてみてください。パワフルな力が満ち満ちてきます。

軽く、遊び感覚でやってみよう

「石の上にも三年」ということわざがあります。私はこれが全然できなくて、あれも、これもとやりたいことがコロコロ変わってしまいます。

昔は職場も転々としていました。同じ職場、同じ環境で、同じことの繰り返しができなかったのです。飽きっぽいのは欠点だと言われ続けて、なんとか直そうとしたものの、相も変わらずパッパッと気移りする自分に困っていました。

でも、よくよく考えてみると、当の私自身はすごく楽しくて、すべてが面白くてエキサイティングで、いつもワクワクしていました。どんなことがあっても、苦しいことでさえ、やっぱり経験として楽しかったんです。

宇宙の引き寄せの法則を実践していたら、ますますこれに拍車がかかりました。

今やりたいこと、好きなことをやる。

安心&リラックスで心地いいことを選択していく。

これを躊躇なく、ポイポイといろいろ楽しいことに手を付けて、しかも罪悪感なく楽しめるようになりました。すると、手を付けたものがまるでオセロゲームのように、私の望んだ色に変わり、願いが一気に叶っていったのです。


ハイヤーセルフや宇宙の夢の叶え方はとても斬新で、叶えたい夢や願望を思わぬ形で実現してくれます。今やっていることと結果がどう結びつくか、まったく予想もできないようなところから形にしていくのが宇宙のやり方です。

ですから私たちは願望を出して、あとは今やりたいことをやっていればいいのです。

無理にゴールと道筋を決めて、それに合わせたことをやるというよりも、「いずれ何かでつながるだろう」くらいの気持ちで、とにかく今、やりたいことをやるのです。

地球は真面目すぎるし、複雑で、そのためにうまくいかないことが多いように思います。

それって、面白くないですよね。

「石の上にも三年」とか、そんなことを信じてやっても、会社が倒産したり、リストラされたり、これまでの常識や信じていた概念が崩れてきたりして、まったく通用しなくなっています。私たちはもっともっと自由で楽しくて陽気な存在であるはずなのに！

幼いころは能天気で、物事を深く考えられず、深く悩まない私でしたが、それでよかったんだな、と今は思います。


軽い遊び感覚が、今の時代を乗りこなすやり方だと思います。

一見悪く見えることも、いい流れになる過程です。やっと宇宙的な自由な時代が来たな、と思って私はワクワクしています。

やりたいことがあったら頭の観念を外して、ぜひ気軽に動いちゃいましょう。石の上に居続けてお尻に根っこを生やすんじゃなくて、お尻を軽くして、いろんなことを体験してみてください。

そうすればこの時代をスイスイと乗りこなすことができますし、どんな世界になろうと波に乗っていけます。

あなたのその楽しさが周りの人も明るく元気にして、地球にも宇宙にも影響していきます。

この人生を、思う存分楽しんでください。

今とこれからを本来の自分として生きていくのに大切なのは、アセンション（次元上昇）を理解すること。

そして宇宙意識で生きること。

この2つについては、拙著『スターシードTheバイブル　あなたは宇宙から来た魂』（市村よしなり氏監修、ヒカルランド）、『ゆる〜く、楽して、ミラクルを手に入れる！　アセンションエレベーターに乗る4つの鍵』（ビオ・マガジン）に書きました。

ところが、よく考えてみれば、こうしたことがわかるようになったきっかけであり、私自身の現実世界を豊かに幸せに急変させた第一歩について、しっかり書いていないことに気がつきました。

それは、潜在意識を書き換えたこと。

つまり、ハイヤーセルフの力を使っていくことです。

私自身が貧しくて、つらくて仕方がない現実をなんとかしたくて、あらゆることを試してもうまくいかず、「もうあとがない。これしか頼るものがない」という気持ちで潜在意識の書き換えを始めました。

正直、当時は信じていませんでした。「イメージの光の色」なんて言われても、なんのことやらまったくわからなかったし、見えませんでした。でも「これかな？」という感覚を信じて、ひたすら「リラックス、リラックス」と唱えながら続けていきました。

リラックスなんて言いながらも、私は誰よりも頑固でかたくなな性格だったためにブロックが多すぎて、しかもそれに向き合うのが苦しすぎて、最初のうちは泣きながら毎晩ブロック解除をしていました。

だって、変わりたかったんです。「私はこんなものじゃない」「もっと自由で、楽で、軽く、楽しくいられるはず」と思いながらも変われない、変わらない現実が10年以上も続いていたので、「これでなんとかなるなら」と、もう必死だったんです。

おかげで、ずっと探していたものが、その先にありました。

２０１５年から始まった私の潜在意識の解放。こんなに自由な境地があったなんて。毎日が幸福感で満たされています。

お金があるとかないとかではなく、頭の中のブロックが外れるだけで本当に自由で軽くなり、ただ今が愛おしく、すでに幸せであったことに気がつけるようになったんです。

かすかな魂の記憶をあきらめなくてよかった、と本当に思います。


私は皆さんよりも少し先に体験したので、これを伝えることができています。

何度も言いますが、あなたと私は何も変わりません。誰もがこの人生のうちに「見たことのない自分自身」に出会えるのです。

いろんな形で自分を深く掘り下げるものはありますが、この潜在意識の書き換えはちょっと違います。とんでもなくパワフルで、そして自由です。縛りもなく、最高・最善に導いてくれて、最高・最善になっていきます。あなたの潜在能力は本当にすごいのです。

あなたの潜在意識は解放されるのを待っています。どんな現実が現れるかを楽しみに、日々こつこつとブロックと向き合ってみてください。

最後にもう一度、言わせてください。

あなたはこの世の創造主です。ハイヤーセルフは本来のあなた自身であり、宇宙意識は自由で制限のない素晴らしい世界です。

あなたの人生は、あなたの頭で考える範囲以上のものになります。

自分のことを小さく見積もらないでくださいね。


今、世界的に新型コロナウイルス感染症が蔓延し、情勢が不安定で、大変な状況に置かれている方もいらっしゃるかと思います。先行きの見えない混沌とした時代の中で、私たちは道なき道を進んでいると言えます。

でも、自分自身の意識を整えること、心を楽にしていけば現実もどんどん楽になりますから、どうぞ安心してください。

魂は、どんな時代も乗り越えてきました。

道なき道を進むのに、目に見えない力や、直感や感覚を研ぎ澄ますツールやテクニックを持っていることは心の安定にもなります。どんなことが起きても乗り越えていくために、自分で自分のことを見つめる時代が始まっているんだと思います。

どうしても私たちは情報に意識が向き、すごそうな人やみんなが向いている方向が気になってしまいます。ただ、それをしていると本来の自分の力を知らずに終わってしまいます。

潜在意識を書き換えていくと、自分のことをそのまま認められるようになり、自分のすべてを許すことができるようになっていきます。

どんなことも許容して、許していくこと。

寛容に、大きく受け入れていくこと。

いい悪いのジャッジから抜けて、ニュートラルの意識に入ること。

そうすると自分の外側で起きることを認められるようになり、どんな人も許容できるようになります。結果、外側で起きる現実も、とても優しく、大らかなものになっていきます。

このことを知った今が自分を変えるチャンスだと知ってください。

人にはいろんな段階がありますが、ここに書いたようなことを受け入れられるようになるまでにいろんな経験を経て、あなたは今この本を読んでくれているのだと思います。

これらの言葉は、ご自身のハイヤーセルフが連れてきて、あなたに見せているのです。

私も以前、スピリチュアルの本を読んでまったく理解できなかった（準備ができていなかった）ときがありました。理解できるようになったときこそ、準備ができたときなのです。


だからこそ、皆さんにお伝えしたいと思います。

本当に変わりたいなら、自分と向き合ってください。他力本願で誰かがなんとかしてくれるという形では、結局、遠回りになります。自分で自分のことをなんとかできるということに気がついてください。

やるときはやる！　これ、大事です。自分に本気になってみてくださいね。

私もいまだに、よく泣きながら潜在意識の書き換えをやっています。たまに出てくる変なこだわり……本当にやっかいです。でも、そういう難物が出てきても「書き換えればいい！」と気持ちを切り替えられれば大丈夫。このテクニックを持てたことは、鬼に金棒だと感じています（笑）。

この世に生まれた者は、いつかこの世を去ります。人生は有限で、誰もがいつか肉体の終わりを迎えます。

亡くなった親友がいつも「好きにやりなよ。私はどんなａｋｉｋｏも信じてるよ」と声をかけてくれていました。今、その言葉を皆さんに送りたいと思います。

好きにやってください。私はどんなあなたのことも信じています！

あなたは、この人生をどんなふうに過ごしたいですか？

何でもできるとしたら何をしたいですか？　何を残したいですか？

どうか、思うように生きてください。ぜひ、そうやって生きられることを知ってください。

あなたの知らない未知なる自分自身の入り口がこの潜在意識の書き換えにあります。勇気を出して、自分への探求に飛び込んでいってください。

今というときに生まれてきてくれて本当にありがとう！
あなたという存在と、こうして文章を通して交流できる奇跡を本当に心から嬉しく思います。

この本を書くにあたって多くの方にサポートしていただきました。素晴らしい体験をありがとうございます。特に、本の企画から気持ちよく応援してくれたKADOKAWAの古川絵里子さん。いつも二人三脚で「面白い」と言っていただき、嬉しくて、やる気になれました。

また、エピソードなどを提供してくれたスターシードサロンメンバー。本の執筆に集中しているときに自分のことを頑張ってくれた夫、子どもたち、インドのスタッフ、インドの家族。私を生んで育ててくれた両親、家族。おじさん、おばさん。そして今この本を読んでくださっている皆さま。ご縁をいただき、本当にありがとうございました。

大事な人を見送ってきた私の人生。彼らのぶんも私は行けるところまで行ってみたい。
未知の自分をできる限り体験して、思いっきり楽しんで、この世（肉体）を去りたいと思っています。

私が歩んできた道が誰かの力になり、本来の自分に戻って、ラクに楽しく生きていく人が増えてくれたら、本当に、本当に嬉しく思います。

夢をどんどん実現して自由に人生を歩く私たちは、何にも左右されない創造主です。

創造主のあなたがどんな世界を描くのか、ワクワク楽しみにしています！

スピリチュアルａｋｉｋｏ

巻末スペシャル

潜在意識フル活用のミラクル事例集

潜在意識を書き換えたら、こんなに変わった！

潜在意識を書き換えて大きく変わった方々の声を紹介していきます。

それぞれ長年悩んでいたことや、何度もいろいろなワークを受けても変化しなかったことが、潜在意識の書き換えをして変化し、現在本当に幸せに暮らしている方ばかりです。

例えば、

・海外移住をするかどうか迷っていたけれど、思いきって移住できました。今は悠々自適な生活をしています

・人の輪に入ることに抵抗がありましたが、気にしなくなりました

・旦那さんとケンカばかりだった現実から、今ではラブラブに

・友達ができないことが悩みでしたが、潜在意識を書き換えて気にしなくなったら、いつも周りに人がいる状態に

・仕事や人間関係で悩んでいましたが、いろいろ気にならなくなり、嘘のように仕事も人間関係も良好になりました

・お金のブロックが強くて何をやっても稼げなかったのに、月収7桁になりました

・人前に出ることへのブロックが強かったのに、今は大勢の前でスピーチをするのが当たり前になっています

・あんなに悩んでいたトラウマが嘘のようになくなりました

・恋愛がうまくいかなくて長年、恋人ができなかったけれど、恋人ができて結婚しました

あなたのケースに近い方はいますか？　ぜひ参考にしてくださいね。

Case1 たくさん潜在意識を書き換えた結果がすごかった！

ａｋｉｋｏさんが「潜在意識は簡単に書き換わる」「潜在意識が変わったかどうかは気にせず、何度もやるといい」と言っていたのを信じて、とにかく遊び感覚で何回もやりました。〝気づいたら〟めちゃくちゃ変わっていました。

・細かいことがいちいち気にならなくなった
・自分は大きい存在だと思い出し、自分を小さく扱わなくなった
・避けてきたことも直視できるようになったから進むのが早くなった
・直感やインスピレーションで軽く動けるようになった
・エゴの声が小さくなって、思考や観念が邪魔することが減った
・ハイヤーセルフとともに歩んでいる感覚があるので、根拠がなくても人生を信頼できるようになった（人のことも信頼できるようになった）
・一度の発信でたくさんの人に伝わり、共感されるようになった。私の発信の影響で変化したという方が続出で、自分を使っていくこと、拡大させていく感覚が実感できた

……など、挙げたらきりがありません。

（後藤洋子さん）

〈ａｋｉｋｏより〉

変化や効果を感じている方の多くは、たくさん潜在意識を書き換えている、という共通点があります。たくさん書き換えていくと顕在意識と潜在意識の間がだんだんなくなってきて書き換え後の変化も早くなるし、1つ書き換えるとポロポロッと他のブロックも取れていきます。

書き換えは自分で簡単にできるので、気がついたときにどんどん書き換えていくことにより、前の自分が思い出せないほどすごいところまで進んでいきます。そして、「何かあったら書き換えればいいや！」と思って気楽に過ごせるようにもなります。

Case2　亡き夫への想いが執着から優しいものへ

夫を亡くし、自分ひとりで現実を楽しむことに抵抗がありました。でも、「バイクでいろんなところに行きたい」と潜在意識を書き換えてから、執着し続けてきた亡き夫への想いが、とてもふんわりしたものになりました。

新しい夢に向かう下準備として、林道ツーリング＆キャンプに出かけました。その間、夫のヘルメットをずっと被っていたのですが、林道のガレ場でヘルメットがガクガクと上下に動き、さすがに替えどきなのかと感じました。夫が愛用していたヘルメットですが、手放すことを試されているように感じました。

バイクも彼の乗っていたものを引き継ぎましたが、林道ツーリング仲間の何名もの人からバイクの買い替えを勧められました。

これまでの私とは明らかに違う、新たな地点に立っていることを感じます。自分のことをイメージすると、風に向かうライオンのような姿が出てきます。（URさん）

〈akikoより〉

旦那さんを亡くされて現実を楽しむことに抵抗があった方ですが、潜在意識を書き換えてから、ご自身の中で楽しむ許可がどんどん出てきて、それが現実として具体的に変わっていっている様子がよくわかりますね。

現実が動かない理由のほとんどが、何かに執着してしまって身動きが取れなくなっているためです。こういうときは「現実を楽しんでいい」「やりたいことを軽くやっていい」「失敗してもいい」「楽しんでいい」と書き換えていくと現実が動き出します。

Case3　半年後には夢だったグローバルな仕事をしていた！

私は物心ついたときから「海外と日本を行き来しながら仕事をしたいな」と思っていて、飛行機の中でパソコンを開いてグローバルに仕事をしている人にとても憧れがありました。でも現実を見てみると全然そのようになっていないので、そんな夢はすっかり忘れていました。

潜在意識を自分で書き換えるようになって、「世界中を飛び回って仕事をしていい」と書き換えをしてみたところ、半年後には日本とハワイを行ったり来たりする生活になっていてびっくりです。しかも収入もすごく上がっているので二重の驚きです。

潜在意識の力は本当にすごいですね。皆さんもだまされたと思ってどんどん書き換えをすることをおすすめします。（Sさん）

〈akikoより〉

潜在意識を書き換えると、夢がいつの間にか叶ってしまいます。そして、叶うことがわかってくると、「あきらめていたことにもう一度挑戦しよう」とか、「昔はこれをやりたかったんだ」と思い出すことも多々あります。

夢が叶うのにはタイムラグがありますが、夢ややりたいことがあるならどんどん潜在意識を書き換えておくといいと思います。Sさんのように半年たったくらいのときに「そういえば、あのときにやった書き換えが今は叶ってる……」ということが起きてきます。

「夢を叶えていい」「〇〇をしていい」「私は富や豊かさを思う存分、受け取っていい」「夢は簡単に叶う」などの言葉で書き換えをするといいと思います。

Case4 「マンションくれないかな？」と書き換えてみたら……

そろそろ引っ越ししたいけれど、お金やその他、いろいろ面倒くさいなと思っていて、「誰かマンションくれないかな？」とダメもとで潜在意識を書き換えてみました。

数週間後に友人と話をしていたときに、「私が死んだらマンションあげるよ」と急に言われてびっくり！ずいぶん先の話になりそうですが、こんな形で書き換えの効果が出るとはすごいな、と思いました。（mさん）

〈akikoより〉

潜在意識は、夢を叶えるのがめちゃめちゃ得意なので、とりあえず、どんどん夢を潜在意識に投げていきましょう。願望に対しては一切我慢する必要はありません。

ｍさんのように「ただで家が欲しい」という願望を出していいのです。出せばそのようになっていきます。ワクワクしますよね！

「働かないでお金をもらっていい」「楽して夢をどんどん叶えていい」なんていうのも、自分が望んでいるなら遠慮せずに潜在意識を書き換えてオーダーを出してみてください。面白いことになると思います。

Case5　人と比べなくなったら、楽しめるようになった

「人と比べること」について潜在意識を書き換えました。私の本質の「目立ちたい＝認められたい」というインナーチャイルドと向き合うこと、自分をしっかり満たすことのアドバイスをａｋｉｋｏさんにしていただきました。

解除したその週に、長いこと生活を共にしているパートナーに初めて「可愛いね」と言われました。それからは子どものときのように、どうでもいいようなことで涙が出るほど大笑いできるようになりました。笑うことでインナーチャイルドが癒やされる、というか解放されていくのを体感できています。

人と比べるというところにフォーカスしなくなり、「人のいいところを真似して楽しんじゃおう」という気持ちに変化しつつあります。

（ゆうさん）

〈ａｋｉｋｏより〉

人生をどんどん進めたいなら、自分の癖を書き換えていくことです。

小さいころの自分がくすぶっている可能性もあるので、「インナーチャイルドを癒やしていい」「人生をどんどん進めてよい」「思いどおりの人生を歩んでいい」などの書き換えをしていくといいですよ。

Case6　自然に恋人と出会えた

10年以上も恋人がいなかった私は「このまま出会いは無理なのかな？」と思っていました。もちろん恋人は欲しいと思っていましたが、毎日、会社と家の往復で、なかなか出会いもなく……。

ａｋｉｋｏさんの潜在意識の書き換えをやってみた

ところ、不思議と新しいことがやりたくなってきて、周りから遊びに行く誘いが増えてきました。

　ある日、バーベキューに行ったときにグループにいた人と仲良くなって遊びに行くようになり、そのままお付き合いをしています。今までの自分では考えられない展開で本当に嬉しいです。

（Aさん）


〈akikoより〉

　恋人が欲しいと思っていても、なかなか出会いがなくてそのまま無理だと思っている方も多いと思いますが、潜在意識を書き換えるといい出会いがたくさん増えてきます。

　しかも、モテるようになってくるんです。なぜなら、自分が自分のことを認め出すので、不思議といろんな人から素敵と言われたり、紹介してもらったり、ということが起きてきます。

　さらに、自分自身のバリアがなくなってくるので、人を受け入れることができるようになってきます。また、活動的にもなってくるので、気軽に動くようになり、必然的に出会いも増えてくるのでしょう。


「○○と出会っていい」「いつも彼に愛されていい」「私は最高に素敵なパートナーと出会う」と書き換えると、いい出会いが始まってくる可能性が高まります。

Case7　自分のタイミングで結婚できた

　結婚適齢期になり、周りは結婚して子どもがいるのに私は恋人さえいない……。惨めな気持ちになることが多く、過去の恋愛のトラウマも手伝って、毎回同じ考えに陥ってよく泣いていました。「私は一生独身なのだろうか。さみしいな……」と。婚活もして、積極的にいろいろな人に会うようにしていましたが、かえって嫌な思いをしたり、うまくいかなくて、本当に毎日泣いてばかりでした。

　そんなとき、マインドブロックを解除したら、なんだか楽になってきたんです。前のような同じ考えの堂々巡りに陥らなくなったため、まったく涙が出なくなってきました。それだけで自分も安心できたし、周りも安心してくれたようです。心に余裕ができたので、疲れたら婚活も休むようにしました。

そしたら、なんと、ずっと前に知り合った人と自分のタイミングで結婚することができました。今は過去のことが思い出せないほど穏やかな毎日で、「こんな日が来るんだな」と驚いています。

（Bさん）

〈akikoより〉

結婚することを夢見ている方も多いと思いますが、それに対して自分自身のブロックが入っている方もとても多いです。潜在意識を書き換えると、今まで結婚の方向に行かなかった方がとんとん拍子に結婚した、というお声を多く聞きます。それぐらい潜在意識を書き換えると現実が動くのです。

恋愛や結婚では特に、結果が出ないと自分を責めてしまいがちです。それが結果的に執着になってしまい、うまく発展しなかったり、結婚まで進まなかったりする原因になってしまいます。

まずは自分自身が楽になるように潜在意識を書き換えて気楽にしていましょう。すると現実は驚くほど変わっていきます。「婚活を頑張らなくていい」「私を愛してくれる人はいる」「私はこのままで最高に愛されている」「愛されていい」、あるいは一度「結婚できなくていい」と書き換えるのはどうでしょう。気が抜けるので、現実が動きやすくなります。

Case8　どんな自分にも「○」をつけられるようになった

潜在意識の書き換え前は、ネガティブな感情を持ったり、行動をしてしまったりするたびに、自分に「×」をつけてしまっていました。

書き換えた後は、どんな自分にも○をつけられるようになりました。おかげでご機嫌でいる時間が長くなり、イライラ育児からもやっと卒業できました。

（伊藤佐知子さん）

〈akikoより〉

今までどうしてもうまくいかなかった夫婦関係や子どもとの関係——。自分の潜在意識を書き換えていくと、自分自身が満たされて細かいことがぜんぜん気にならなくなるので、夫婦仲ものすごくよくなっていきます。また、子どもに対して問題があっても、いい流れで展開していくようになっていきます。

子どものことで悩んでいる人は多く、特に小さいお子さんの育児はただでさえ大変です。1人でやらなければいけないことも多く、イライラしたくないのにイライラしてしまうこともあったり。そして、そんな自分を責めて、またイライラして……の繰り返し。

そういうときは、まず「イライラしてもいい」と認めてあげるといいです。「1人でやらなくていい」「人に手伝ってもらっていい」「頑張らなくていい」「中途半端でいい」「いい親にならなくていい」などの書き換えをしてあげると、かなり楽になります。

Case9　ローンを重く感じなくなったら、家庭が明るくなった

共働きで子どもがいる主婦です。結婚生活は順調で子どもにも恵まれましたが、マイホームを購入してからローンが重く感じるようになってしまいました。購入前はそれなりに使えるお金もあったのにそれがなくなり、夫に対してはギスギスした感情が出てきてしまいました。「マイホームを買わなければよかった」と思う自分がいました。ローンのせいで生活がつまらなくなってしまって、途方に暮れていたのです。

潜在意識の書き換えをしたところ、子どもたちとトランプで遊んだりして、そんなささやかな日常生活が楽しいと思うようになりました。楽しみ方が変わって、以前のようにお金を使えないことをストレスに感じることが減り、何をしても楽しいのです。この意識の変化はすごいです。

相変わらずローンはありますが、自分の気が楽になり、家庭内は明るくなって、本当よかったです。（Zさん）

〈akikoより〉

家庭の問題の原因は、お金であることが多いです。そこに強く意識が向いていると「お金がない」「何もできない」……などと、どんどん苦しくなってしまいます。

こういうときに潜在意識を書き換えると、もともとの自分自身のペースを取り戻すことができ、現実も不思議とスムーズにまわるようになり、家族円満になっていきます。「お金のことを考えなくていい」「ローンは何とかなる」「楽しんでいい」「先のことは考えなくていい」「今を楽しんでいい」などの書き換えはとても有効です。

Case10　現実が動いて、親と心地よい関係になった

「家族はめんどくさい。情のつながりがめんどくさい」というブロックを、「家族は心地よいもの」と書き換えをしました。そしたら、次の日に思わぬ出来事がありました。

私は高校の非常勤講師だったのですが、「常勤講師になりませんか？」とのお誘いがあったのです。生徒との縁というのは、深く関わることになるので情のつながりが大きいものです。「親との情のつながりがめんどくさい」という潜在意識を書き換えたら、「常勤講師になる＝生徒と情のつながりを深める」という部分で現実が動き出しました。「そこか!?」と、我ながら面白かったです。

母に対しては相変わらず「チッ、めんどくさいなぁ」と思うこともありますが、思いながらも流せるようになり、前より心地よい関係になった気がします。

（KMさん）

〈akikoより〉

親との関係に関する悩みは、私に寄せられる相談のなかでも特に多いものです。ほとんどの原因は、距離が近すぎて、親と自分を一心同体のように感じるあまり執着になっていたり、出来事に対して許せなかったり、というものです。潜在意識の書き換えをすると親と自分を分けて考えられるようになり、執着から抜けてニュートラルに接することができるようになっていきます。

近すぎて憎しみのようになってしまっている方も多いので、変化の仕方は人それぞれです。KMさんのように親との潜在意識を書き換えて他のことが好転するようになり、その影響で親のこともいつの間にか気にならなくなる、流せるようになるという方も多くいます。

「親を許していい」「親への執着を手放していい」「いい子どもでいなくていい」という書き換えや、逆に「親を許さなくてもいい」という書き換えも、執着か

ら離れるためにはとても有効ですので、試してみてください。

Case11　自然体で家族の集まりの中にいられるようになった

私はよく両親とぶつかってしまい、特に母親とは何かとぶつかりやすかったです。

中でも小さいころからよくあったのが、身内が集まるイベント直後に私の機嫌が悪くなって和やかな雰囲気に水を差したり、そもそも参加するのを急にやめたりして、母親にいつも怒られていました。怒られるともっと嫌な気持ちになります。なぜそんなふうにしてしまうのか自分でもわからないまま自虐的になることも多く、大人になってからも同じことがずっと続いていて困っていました。

潜在意識の書き換えを試みたところ、なんだか自然体で家族の集まりの中にいられるようになり、みんなの手伝いなど自然な振る舞いができるようになっていました。

そんな私を見て親も安心してくれたようで、怒られなくなり、親との関係も円満になってきました。本当よかったです。

（Cさん）

〈akikoより〉

親は子どもにいろいろ求めてくるので、そのプレッシャーで子どもは自分自身を責めていることが多いものです。潜在意識を書き換えると、親の目を気にするのをやめて自分のペースに集中できるようになり、自然体でいられるようになるので、周りとも親ともいい距離感でいられるようになります。

「親の目を気にしなくていい」「親の期待に応えなくていい」「私は私。そのままで素晴らしい」「ありのままの自分でいてよい」……このあたりの潜在意識を書き換えると楽になります。

Case12　過去のことに腹を立てなくなった

人間関係で悩んできて、いろいろなことでトラウマが多く、許せない人や出来事がたくさんありました。そのためよくイライラしていて、情緒不安定で、毎日がいつも安定しない状態でした。

　潜在意識を書き換えてからは人に対して客観的になり、トラブルがあったときも相手のことを「可哀想な人なのだ」「寂しいのかもしれない」と冷静に考えられるようになりました。すべてに意味と学びがあると思えるようになり、ただ「哀しい」で終わるのではなく、意義が見出せるようになったのが自分でも驚きです。

　今は過去に起こった哀しい出来事や許せなかったことに対しても、思い出して腹を立てることもなくなりました。ずいぶん楽になった自分がいます。（Tさん）

〈akikoより〉

　過去にあった出来事はトラウマになりやすく、そこから抜け出せなくなっている方も多いです。潜在意識を書き換えると、トラウマになっている過去の周波数から抜け出し、スムーズに進めるようになります。過去の周波数が今に影響しているので、トラウマを感じる方は試してみると有効です。

　過去のトラウマを持っていて苦しいのは自分自身です。それに対して自分自身が許可を出して潜在意識を書き換えていくことができます。潜在意識の書き換えは、過去に対して特に効果テキメンで、すごく楽になります。

　言葉は「過去にこだわらなくていい」「今を生きていい」「自分も相手もすべてを許していい」などが効果的です。

Case13　元彼のトラウマにとらわれなくなった

　20代から元彼のトラウマをずっと引きずっていました。その男性の言動を許せなかったのもありますが、その人と関わったことを自分で許せなかったりして、いろいろひっかかることが多く、ことあるごとに思い出してしまい、とてもつらかったです。

　潜在意識を書き換えたときの爽快感はすごかったです。その後、過去にとらわれなくなり、フラッシュバックするほど嫌な思い出も、今では土の中に埋もれてしまった感じです。わざわざ思い出そうと考えない限り、思い出さなくなり、楽になりました。思い出したとしても、「そういうことがあったなぁ」程度に

なっています。（Dさん）

〈akikoより〉

フラッシュバックするほど手放せなかった過去のトラウマも、周波数を変えるとかなり楽になります。この方の場合は恋愛でのトラウマですが、それに限らず、多くの方が楽になっています。相手から言われた言葉やされた行動など、根強いトラウマを抱える方もいますが、たいていは数回の潜在意識の書き換えで楽になると思います。

いい人になろうとするとかえって苦しくなったりするので、「私は傷ついた」「屈辱を受けた」「相手を憎んでいい」「許さなくていい」といったん受け入れてみましょう。そして「自分を癒やしていい」「手放していい」などという言葉で効果的に楽になります。

Case14　体の心配をすることが減った

体の調子があまりよくなく、体についての心配事や、年齢を重ねた時のことを考えて不安になることが多かったのですが、潜在意識を書き換えてから不思議と体の心配をすることが減りました。

体調面への効果はまだはっきりとわからない、というのが本音ですが、物事を深く考えやすかった性分は影を潜めたようで、心配や不安は減りました。（Yさん）

〈akikoより〉

健康面に関しては、潜在意識を書き換えることによって、まず気が楽になるということが多いようです。体の病気がすぐによくなるとか劇的に変わるということを期待するというよりも、いつも心配する気持ちが楽になることによって、体にもよい影響を与えていきます。

「体のことを心配しなくていい」「今の体をそのまま認めてよい」「気楽に過ごしていい」などの書き換えをすると、本当に気が楽になっていきます。

Case15　病気の原因は過去世からくるものだと腑に落ちた

幼少期から約50年間、検査と制限のある暮らし。痛みもなく、外見からは病気とわからないため、周りから理解されない苦痛もありました。医師もはっきりとした原因がわからず、スピリチュアルな方面にも頼ったのですが、これといって原因らしきことがわからなくてモヤモヤが離れませんでした。「今を穏やかに生きられたらいい」と思い込もうとして、疲れ果てていました。

潜在意識を書き換えたおかげで体は軽くなりました。これまでの状況は私の過去世からくるものだったのだと腑に落ちた気がします。

そして、エネルギーが軽くなったと体感しました。長年、治療を続けて治る道を探し続けるうちに、身体の良いビジョンが見られなくなっていたことに気づき、そのブロックを解除したのです。

暮らしの中で潜在意識を簡単に変えられることを知ると、悩みに長く留まり続けなくてすむということを多くの人に知ってもらえたらいいな、と思います。

（CYさん）

〈akikoより〉

持病があったり長く病気を患っていたりする方は、そのことに強く意識が向いていて、よくなるというビジョンを持つことがなかなかできないようなところがあります。

そういうときは参考程度に病気の原因になっている過去世を見てみるのも有効です。

また、前の自分に戻りたいと強く執着のようになっていることも多いものです。「今のままでいい」「今まで頑張った自分をほめていい」「病気を受け入れていい」などと自分をねぎらってあげるとフッと心と体が軽くなってくると思います。

Case16　やりたかった仕事が舞い込んできた

現実に波がありすぎるので、「波瀾万丈こそ芸術だ！」と思っていた潜在意識を書き換えました。すると間もなく、あるコラボ企画の打ち合わせをすることになり、これは海外にも広がる企画になるそうです。私のやりたかったことのすべてを結ぶ企画なんです！

本当に向き合う必要なところに焦点を当てられたハイヤーセルフの計らいに感謝至極。「無駄がないなぁ」と感激しました。

（日向玲彩 reisai さん）

〈akikoより〉

仕事でうまくいかないケースはほとんど、人間関係か、新しいことを始める恐怖心です。潜在意識を書き換えることによって意欲的になり、仕事が舞い込むようになったり、お給料が上がったり、いい流れになりやすいです。

アーティストの人などは「人生に波がないといい作品が生まれない！」と潜在的に思っている人が多くて、実際にそのような人生を歩んでいる人が多いです。

アーティスト以外でもよくあるのは「仕事がうまくいくとプライベートがうまくいかない」という思い込みに縛られること。

「仕事もプライベートもすべてうまくいっていい」「仕事を楽しんでうまくいかせていい」「最高の仕事をしていい」とか、アーティストの方は「幸せでもいい作品はできる」「自分感覚でどんどん進めていい」「自分の感覚をみんなも理解できる」などの書き換えはとても有効です。

Case17　昔のように競技を楽しめるようになった

私は陸上競技の社会人のチームに入って活動しています。ずっと順調にきていましたが、数年前にケガをして、そこから恐怖心が出てきてしまい、以前のような結果が出せずにスランプに陥っていました。

潜在意識の書き換えをしてみたところ、恐怖心が出なくなり、少しずつ昔のように楽しめるようになってきました。

大会などで緊張しているときにも自分で潜在意識を書き換えて臨むようになりました。格段に緊張がなくなり、良い成績が出せるようになってきています。メンタルの部分でとても助かっています。

（Sさん）

〈akikoより〉

スポーツや勝負事についても大きなストレスを抱えがちですが、潜在意識を書き換えると極度なプレッシャーから解放され、自分のベストなパフォーマンスが発揮できるようになります。

極限の状態になるとメンタルが結果に表れやすいので、潜在意識の書き換えは本当に心の安定になり、有効です。自分で簡単にできるので、Sさんのように大会の会場でもどんどん使っていただくと、いい結果が出せるようになると思います。

「結果に執着しなくていい」「ベストを尽くせばよい」「楽しんでよい」、そして「1位になってよい」などと書き換えをするといいと思います。

Case18 仕事になった趣味がまた楽しめるようになった

趣味でやっていたヨガにはまり、いつの間にかインストラクターとして教えるようになりました。仕事となるとどうしても人気のあるメニューや自分がやりたいこと以外を教えなくてはならず、気持ちのうえでとても葛藤がありました。また、そんなに極めていない私が指導者になっていいのか？　という疑問もあり、迷いながらインストラクターをしていました。

潜在意識の書き換えを知って「ヨガを楽しんでいい」という書き換えをしてみました。すると、なんだか初心に戻った感じでヨガに対するワクワクした意識がよみがえってきて、あまり悩まなくなりました。しかも、新しいオファーももらって新規のレッスンも始めることになり、驚いています。

私の場合は特に、ヨガで意識を整えていたので潜在意識が変えやすく、変化も早いのかな？　と感じています。

（Xさん）

〈akikoより〉

初めのうちは好きでやっていたことも、義務的になってしまったり、イヤイヤやるようになったりすると、苦しくなり、迷いが出てきます。そういうときに潜在意識を書き換えると、意図が明確になり、自分のやりたいことがよくわかるようになります。

「自分のやり方で結果を出していい」「自分のスタイルでやっていい」「楽しむ方向に切り替えてよい」というのもいいと思います。

Case19 苦手なことが続けられるようになった

前々から「物事が続かない」ということがコンプレックスでした。集中力がないのか、何かやっていると他のことが気になってきたり、やっていることに対してすぐ飽きてしまったり。そんな自分が本当に嫌でした。そこで潜在意識の書き換えを知って自分のためにやってみました。

書き換えてからまだ数週間ですが、心の状態の変化をすごく感じます。自分が本当に求めているもの、幸せになるための「在り方」を探して毎日を生きていますが、自分が自分を邪魔しなくなっています。

そして、苦手だと思っていたブログを今は毎日書いています。苦手だったことが続けられている状況になってびっくりしています。

(Eさん)

〈akikoより〉

苦手なことに対しては「本当はやりたいけれど無理だ」という観念のブロックが入っていることが多いです。そこを書き換えると、すーっといつの間にかやれるようになっていたり、苦手ではなくなるケースをたくさん見ています。

物事が続かないという方にも潜在意識の書き換えはとても有効です。「苦手なことは苦手でいい」「やりたいようにやっていい」、そして「物事を続けなくていい」などと書き換えてみてください。自分が頑張らなくても勝手に継続できるようになる、という声をよく聞きます。

Case20 肩の力が抜けてリラックスできるようになった

私は「大勢の前で話すたびに緊張してしまう自分」「副業を始めるにあたって不安を感じている自分」をなんとかしたいと思いました。どちらも「とにかく自分が一番楽しくなっちゃった」というイメージに書き換えました。

今まで緊張して肩に力が入っていたことでも、自分が楽しむのを優先させて、「別にどうしてもやらなければならないことはない」「やってもやらなくてもどっちでもいい」と考えられるようになりました。

その後、今までは必ず緊張していた場面でも、なんとなく肩の力が抜けて、リラックスしてできている自分に気がつきました。そう思うと、いろんなことが本当に楽しくなってきました。そして、副業という新しいチャレンジについても、同じ感覚で臨める自分もいます。こんなに簡単に書き換えできるんですね。

（ＫＡさん）

〈ａｋｉｋｏより〉

緊張などの多くは「完璧にやらないと」という気負いや、人の目が気になって極度に自分自身にプレッシャーを与えているためです。こういう場合にも潜在意識の書き換えは有効で、ＫＡさんのように「あれ？」というくらいあっさり変わっていく方が本当に多いです。

「人前で緊張したっていい」「完璧にやらなくていい」「失敗したっていい」「人の目を気にしなくていい」などの書き換えは本当に有効です。もちろん「楽しんでいい」という書き換えも有効です。

Case21　気がついたらプラス思考に！

私は臆病で何をするのにも腰が重く、あらゆることをマイナスにとらえてしまう傾向がありました。結果として毎日がつまらなくて悪循環の日々。そんな自分の感覚が本当に嫌で、なんとか抜け出す方法を模索していました。

潜在意識の書き換えを知って、自分でやってみました。すると気持ちがふっと楽になる感覚があったので、いろいろ気がついたときに書き換えるようにしていました。

そしたらマイナス思考がどこへいったのやら、気がついたらプラス思考になり、ワクワク感がとまらず、本来あるべき自分を取り戻したような感じです。これから行動をする具体的な答えも明確となり驚きでした。潜在意識を変えるだけでこんな自分になれるとは本当に驚いています。

（Ｓさん）

〈ａｋｉｋｏより〉

悩みというものは不思議で、悩みに意識を向け続けることによってさらに悩みが深くなってしまう一面があります。また、自分自身の考え方の癖はなかなか根深く、いろいろやってもいつものパターンを繰り返しがちです。

ところが潜在意識を書き換えると、そのパターンからすっきり抜け出すことができます。今までの周波数に戻らなくなるので、新しい自分自身になっていき、まったく違う自分自身を体験することができます。

「楽しんでいい」というのはもちろん、「マイナス思考でもいい」「悩んでもいい」「そのままでいい」などの書き換えはとても有効です。

Case22　難しいと思っていた引き寄せが簡単にできるように

引き寄せの法則の本を読み漁るほど引き寄せに憧れていた私でしたが、現実はうまくいかないことの連続で「なんでかな?」と思っていました。思ったことが叶ったり、シンクロがたくさん起こるような引き寄せは「私には無理なのかな?」とあきらめていました。

そんなとき、潜在意識の書き換えを知って、叶えたいものや引き寄せたいものに対して自分で書き換えをしてみました。パートナーがいないという現実を、パートナーと穏やかに過ごすと書き換えました。

書き換えて半年ほどですが、今、すごく穏やかなパートナーと一緒にいます。難しいと思っていた引き寄せはこんなにあっさり起こってくるんだなと体感しています。

また、ふと考えていた人から連絡が来たり、人から思いがけない物をもらうことなども増えました。こんなふうにシンクロが起こるんですね。何より、自分が笑顔でいる時間が確実に増えました。（Tさん）

〈akikoより〉

潜在意識を書き換えていると本当に引き寄せが多くなります。特にいいご縁とつながるようになったり、誰かから連絡が来たり、思っていたことのヒントがわいてきたり……。これは顕在意識と潜在意識の境がなくなってくるので、願ったことや思ったことが叶いやすくなっていくんだと思います。

引き寄せたいことの潜在意識を書き換えると、より引き寄せがうまくいきます。そして、「私は引き寄せが得意」「無理しなくても思いどおりになる」「楽しく楽に願いを叶えてよい」なんていうイメージでもいい書き換えができます。

Case23　引き寄せがばんばん起きる！

これは私、ａｋｉｋｏの体験談です。「もっとたくさんの人にメッセージが伝わる方法はないかな？」と模索していて、あるとき「マンガだったら読みやすいし、多くの人が気楽に読めてめちゃ楽しいことになるな～」とテンションが上がっていました。自分もそのマンガを読んだ気持ちになってワクワクしていたのです。

数日後にメールチェックをしていたら、「ａｋｉｋｏさんの本をマンガにしたい」という内容のメールが来ていてびっくり！

（ａｋｉｋｏ）

〈ａｋｉｋｏより〉

これに関しては潜在意識の書き換えをしたわけではありませんが、いつも書き換えているので、思わず叶っちゃったんだと思います。

潜在意識を書き換えていくと本来の自分に戻っていくので、引き寄せがばんばん起きてきます。

Case24　本来の自分の感覚が戻ってきた

人とすぐ同調してエネルギーが一体化してしまう私。それを書き換えました。

書き換えたあとの約１週間は、無になることが多く、いつもは無意識で家事をしていたりしました。でも、最近は「今日はどんな新しいことをしようかな」と、「ルンッ♪」とした気分で考えられるようになりました。

また、わざわざ自分からエネルギーを一体化して楽しんでいたことにも気づきました。一体化していれば相手の感情になれたり、空いた時間を埋められるからです。

潜在意識を書き換えてからは１００％自分の時間だと気づきました。さらに、純度の高い自分から新しいことに挑戦することで、楽しい感情をめいっぱい感じられるようになりました。そうすると、いろいろなことができるので、自分に自信が持てるようにもなりました。自信が増すにつれ、「あっ、私もともとはこんなんだったなぁ」ということにも気づきました。わざわざ苦労を拾いにいってたんだなぁ。

頭が空っぽの時間がたくさん増えました。心の奥の奥には「自分だけ幸せになってはいけない」という気持ちがあることに気づきました。

もう1つ付け加えると、なぜか食の傾向も変わり、体調まで良くなりました。

（ssさん）

〈akikoより〉

人に合わせていたり、自分を抑えている方は、無意識ですぐ人と同調してしまい、人が悩んでいることなども自分のことのように一緒に悩んでしまったりします。

こんなふうに人と一体化してしまったり、人と自分の区別がつけづらい人は、「自分と他人を切り離して考えていい」などの書き換えが有効です。たとえ家族のことであっても「私と家族は別の存在」と考えてかまいません。

この書き換えをすると本来の自分の感覚が戻ってきて、人と自分を切り離して考えられるので、かなり楽になると思います。

Case25　妊活中の生理不順が元に戻った

私は妊活をしてます。アプリやYouTube、ネットで高齢の妊活について検索したり、病院の指導を受けていたら、プレッシャーで生理不順になってしまいました。そういうときには旦那さんの何気ない一言を重く受け止めて引きずってしまったりして……苦しかったです。

潜在意識の書き換えをしたら、いろんなことに過剰反応しなくなりました。YouTubeで妊娠に関する動画を見ても、途中から「まぁいいや」「子どものいる人向けだな」と最後まで固執して見なくてすむようになり、一喜一憂していた基礎体温も「生理のタイミングを見るためのデータ」くらいにとらえ方が変わってきました。リラックスできるようになったせいか、生理は通常に戻りました。

今思うとかなり神経質になっていたので、かえって妊活にブレーキをかけていたと思います。潜在意識を書き換えると本当に楽になりますね。

（Fさん）

〈akikoより〉

「現実を思いどおりに進めたい！」という願望が強ければ強いほど、執着になり、神経質になってしまい、かえって現実がうまく回らなくなってしまいます。潜在意識を書き換えるとふっと自分の気持ちが楽になって現実が動くということもあります。

まずは「私は私のペースでよい」「人の目を気にしなくていい」「すべては順調である」と書き換えるといいと思います。

また、妊活の場合はどうしても執着などが強くなりがちですので、一度「子どもができなくていい」という書き換えをすると、かなり気持ちが楽になるでしょう。

Case26 豊かに暮らせる自分になった

ブロック解除でビックリした経験はたくさんあります。その中でもお金のブロック解除が強烈でした。

私のブロックの発端は、両親からずっと聞かされていた「結婚した当初の貧乏暮らし」でした。両親は、自分達がどれだけ頑張ってきたかの武勇伝として語っていたのですが、当時、聞かされた私は「お父さんお母さんにお金を届けてあげたい。タイムマシーンで持っていってあげたい！」と本気で泣いていました。

お金は人を苦しめるもの、苦労するもの、というブロック……。お金は自分が使うものではなく親へ運ぶもの、というブロック……。いろんなブロックが幼い自分にできました。

それを書き換えたあとは、豊かさのエネルギーがわかるようになりました。

時間とともに、お金も豊かさのエネルギーで、自分を幸せにしてくれていたんだ、と感謝できるようになりました。そして、豊かに暮らせる自分になりました。

（uuさん）

〈akikoより〉

お金の潜在意識を書き換えると人生がみるみる変わっていくのは、私に限ったことではありません。

お金のブロックの原因はだいたい執着です。潜在意識を書き換えていくと、お金そのものに対しても、現実に対しても、だんだん執着しなくなってきます。

まず、「何かあったときには潜在意識を書き換えればいいや！」と気楽な気持ちで現実に向き合えるようになるので、1つ1つ起きてくることに身構えなくなってきます。

現実に対して身構えない、というのは、ニュートラルな視点になる、ということです。それが現実に対しての執着が和らいできた状態です。

そうすると、いつの間にか現実は思うように、ダイナミックに動き出すということです。

また、起こる出来事に対して、いいことも悪いこともニュートラルな気持ちで対応でき、あまり一喜一憂しなくなってくるでしょう。

そうなってくると本当に、お金も不思議と回るようになり、ワクワク楽しい現実を歩めるようになります。これが、お金といい関係、いいパートナーになったということ。

これについては第4章にたっぷり書きましたので、ここからは皆さんの体験談のみご紹介しますね。

Case27　お金に対してプラスの感情が持てた

「お金のブロック」を外して、お金に対する感覚が変化しました。

以前は、お金に対してマイナスの感情だらけでした。必要以上に稼ぐのはよくないことだ、お金をたくさん持つのはよくない、お金は悪いもの、使ったら減る……。

そんなお金のブロックを外して、たくさん稼いでよい、お金は幸せを創造するために必要なもの、たくさん持つとたくさん幸せを創造できる、お金は良いもの、創造のエネルギーを循環させるもの、使ったら巡ってくる良いもの……と書き換えていき、ずいぶんお金に対する感覚が変化しました。今はプラスの感情しか感じません。

特に、お金を使うときの気持ちの変化をすごく感じています。「あぁ、また減った……」から、「いってらっしゃーい！」と、ウキウキした気持ちで支払うことができていて、自分でもびっくりします。

この気持ちでお金を使うようになって、これから先の現実もどのように変化するのか、めちゃ楽しみです。

（ＹＦさん）

Case28　起業2年目で年商1億円！

ずっと起業してみたいという夢があったのですが、足踏みしていました。潜在意識を書き換えて、「えいっ！」とやりたかったことを始めてしまいました。

最初のうちは不安でいっぱいでしたが、不安を感じるたびに潜在意識を書き換えていたら、人が人を呼んでくるようになりました。おかげさまで今はいつも仕事がいっぱいの状況です。

あんなにお金のブロックが強かったのに、起業2年目で年商1億円を稼ぐ会社へと成長させることができました。潜在意識を変えることで、こんなに現実が変わり、楽に回ることに感謝でいっぱいです。（Ｓさん）

スピリチュアル akiko

スピリチュアルヒーラー、チャネラー、宇宙の法則エネルギーワーカー。長野県出身。現在はインドで夫と3人の子どもたちと暮らす。2015年からスピリチュアル活動を始めて、トータル2000人ほどのセッションや講座をこなす。霊視、チャネリング、潜在意識の書き換え、宇宙語が得意。自分自身がまったくスピリチュアルな能力がないところから、徐々に能力が開花してきた経験から、誰にでも潜在的にスピリチュアルな能力があることに気づき、その事実を伝える活動をしている。「スターシード★オンラインサロン」を運営。著書に『スターシード The バイブル あなたは宇宙からきた魂』（監修・市村よしなり、ヒカルランド）「ゆる～く、楽して、ミラクルを手に入れる！ アセンションエレベーターに乗る4つの鍵』（ビオ・マガジン）がある。

ブログ「自分の心の wakuwaku エネルギーを生きる」
https://ameblo.jp/earth-healing-akiko/

思《おも》いどおりにぜんぶ叶《かな》えてくれる
潜在意識《せんざいいしき》の魔法《まほう》

2021年 9月29日　初版発行
2023年 7月15日　6版発行

著者／スピリチュアル akiko《あきこ》
発行者／山下直久
発行／株式会社 KADOKAWA
〒102-8177　東京都千代田区富士見 2-13-3
電話 0570-002-301（ナビダイヤル）
印刷所／大日本印刷株式会社

●お問い合わせ
https://www.kadokawa.co.jp/（「お問い合わせ」へお進みください）
※内容によっては、お答えできない場合があります。
※サポートは日本国内のみとさせていただきます。
※ Japanese text only
定価はカバーに表示してあります。

ISBN 978-4-04-605288-9 C0095